图解服务的细节

123

物流センターの改善の進め方がよくわかる本

物流改善推进法

[日] 秋川健次郎 大江贤治 实藤政子 著

张玲玲 译

图字：01-2021-3288 号

ZUKAI NYUMON BUSINESS BUTSURYU CENTER NO KAIZEN NO SUSUMEKATA GA YO~KU WAKARU HON by Kenjiro Akikawa, Kenji Oe, and Masako Sanefuji
Copyright © 2017 Kenjiro Akikawa, Kenji Oe, and Masako Sanefuji
All rights reserved.
Original Japanese edition published by Shuwa System Co., Ltd.
This Simplified Chinese edition is published by arrangement with
Shuwa System Co., Ltd, Tokyo in care of Tuttle-Mori Agency, Inc., Tokyo
through Hanhe International (HK) Co., Ltd.

图书在版编目（CIP）数据

物流改善推进法／（日）秋川健次郎，大江贤治，实藤政子 著；张玲玲 译.
—北京：东方出版社，2023.3
（服务的细节；123）
ISBN 978-7-5207-2805-8

Ⅰ.①物⋯ Ⅱ.①秋⋯ ②大⋯ ③实⋯ ④张⋯ Ⅲ.①物流管理—商业服务 Ⅳ.①F252.1

中国国家版本馆 CIP 数据核字（2023）第 016876 号

服务的细节 123：物流改善推进法
（FUWU DE XIJIE 123: WULIU GAISHAN TUIJIN FA）

作　　者：	［日］秋川健次郎　［日］大江贤治　［日］实藤政子
译　　者：	张玲玲
责任编辑：	崔雁行　高琛倩
出　　版：	东方出版社
发　　行：	人民东方出版传媒有限公司
地　　址：	北京市东城区朝阳门内大街 166 号
邮　　编：	100010
印　　刷：	北京明恒达印务有限公司
版　　次：	2023 年 3 月第 1 版
印　　次：	2023 年 3 月第 1 次印刷
开　　本：	880 毫米×1230 毫米　1/32
印　　张：	9.75
字　　数：	177 千字
书　　号：	ISBN 978-7-5207-2805-8
定　　价：	68.00 元
发行电话：	(010) 85924663　85924644　85924641

版权所有，违者必究
如有印装质量问题，我社负责调换，请拨打电话：(010) 85924602　85924603

序言

追溯到20多年前，也就是我刚开始从事物流行业的20世纪90年代初，报纸杂志对物流的报道并不多。但是在2016年的今天，与物流相关的信息在报纸上大量刊登，在一般的商业杂志上也有越来越多的物流专题报道。

其中的一个重要原因是，随着网络购物的迅速普及，对于作为普通消费者的我们来说，物流变得更加贴近生活。我们消费者使用物流的机会大大增加，其地位也越来越高。

在背后支撑这个物流行业的，是每天都在努力运输、配送和进行仓库内作业的物流从业者。如果没有这些人推进的工作及其改善，就不可能享有被誉为世界第一的日本物流品质及其服务水平。

我们通过咨询服务、系统导入，参与到物流工作的"现场"，也发现了日本企业强有力的现场工作能力。

面对顾客需求、流通体系的变化以及公司方针的转换等各种现场环境的变化（课题），物流现场通过不断的业务改善和单位间的协同配合，完全解决了这些难题。这让人切实感受到其卓越的工作能力。

各个现场都有其各自的课题，而对策不尽相同，因此需要寻找与各个环境最适合的"个别解决方案"。这才是企业变强的原因所在。

为了帮助每日在现场解决问题的物流从业者找到最适合自己公司环境及课题的对策，我们汇总了解决问题的方法和实际案例。

AI、IOT等日新月异，对于对策的要求越来越高，但是，关于如何解决问题、应对课题，很多对策也具有普遍性，可以加以运用。

如果能利用本书，找到其他公司无法模仿的、独一无二的"个别解决方案"，对贵公司的成长有所帮助，那我们实在是荣幸之至。

秋川健次郎
2017年1月　代表各位执笔者

目录

第1章
自己动手推进物流中心的改善！

1-1　物流发生着巨大的变化 …………………………………… 003
1-2　互联网对配送和物流中心产生的冲击 …………………… 006
1-3　物流中心成为商业竞争的关键 …………………………… 009
1-4　仍需要大量人工的物流现场 ……………………………… 012
1-5　复杂的仓库业务 …………………………………………… 015
1-6　依靠外包竞标取胜的时代已经过去 ……………………… 018
1-7　廉价工具促进改善活动的推进 …………………………… 021
1-8　依靠外力的改善是难以推进的 …………………………… 024

第2章
物流改善活动的全貌

2-1　改善活动的主角是物流部门 ……………………………… 031
2-2　改善活动的全貌 …………………………………………… 034

I

第3章
"Step 0" 预备调查——设定目的、目标和范围

3-1 没有目的和目标的轮船（改善活动）
　　　会迷失方向 …………………………………………… 041
3-2 目的和目标出乎意料地难以达成共识 …………… 043
3-3 核心理念可提高成员凝聚力 …………………………… 046
3-4 明确设定改善的范围 …………………………………… 049
3-5 活动策划书的汇总 ……………………………………… 052
3-6 组建协同合作的项目小组 ……………………………… 054

第4章
"Step 1" 现状调查、分析——确定问题点和课题

4-1 必须调查现状 …………………………………………… 061
4-2 从定性和定量两方面把握现状 ……………………… 066
4-3 明确业务构成要素及其关系（定性分析）………… 069
4-4 根据采访内容当场制作业务流程图 ………………… 072
4-5 制作业务流程图的要点 ………………………………… 074
4-6 呈现货物流动情况的物量流程图 …………………… 077
4-7 系统结构图 ……………………………………………… 080
4-8 订单分析①
　　　根据发货包装探讨作业方式和仓库布局 ………… 082

4-9 订单分析②
　　根据单个订单的行数探讨分拣方式 …………… 085
4-10 根据商品 ABC 分析探讨保管方式和区域划分 …… 088
4-11 从商品 ABC 分析中获取的信息 ………………… 090
4-12 根据工作取样分析确定改善对象（定量分析）… 093
4-13 工作取样分析的实际内容 ……………………… 096
4-14 通过具体访谈了解问题所在 …………………… 099
4-15 通过体系化明确问题点和课题（改善课题）…… 102

第 5 章

"Step 2" 思考并确定对策

5-1 Step 2 确定对策的方法 ………………………… 111
5-2 关于头脑风暴 …………………………………… 114
5-3 头脑风暴前应完成的工作 ……………………… 117
5-4 头脑风暴的准备 ………………………………… 123
5-5 头脑风暴成功的着眼点① ……………………… 125
5-6 头脑风暴成功的着眼点② ……………………… 128
5-7 头脑风暴的基本规则 …………………………… 135
5-8 头脑风暴当日的进程 …………………………… 138
5-9 对策的整理 ……………………………………… 141

5-10 对策的第一次评估和实施 ························· 145

5-11 对策的二次评估与选定 ···························· 148

第6章

"Step 3" 业务改善对策的实施

6-1 Step 3 的推进方法 ································ 155

6-2 对策评价指标的设定（KPI） ······················ 157

6-3 根据 KPI 测定和计算现状数值 ····················· 161

6-4 根据 KPI 设定改善目标值 ·························· 164

6-5 测算对策的投资回报率（ROI） ···················· 169

6-6 制作改善活动企划书 ······························· 173

6-7 根据改善活动企划书进行说明 ····················· 178

6-8 准备实施改善 ···································· 181

6-9 试运行以及进展确认 ······························· 188

6-10 改善活动的结束环节 ······························ 193

第7章

物流系统的优化

7-1 与改善一体的物流信息系统 ························ 199

7-2 构建物流信息系统的注意点 ························ 202

目 录

- 7-3 商物分离所需的物流系统 …………………… 205
- 7-4 理论库存和实际库存 …………………………… 208
- 7-5 主模块的设置 …………………………………… 213
- 7-6 物流信息系统带来的"可视化" ……………… 216
- 7-7 系统中"看不到"的作业工时 ……………… 219
- 7-8 通过系统化"NHK"作业时间 ………………… 222
- 7-9 通过系统化"NHK"瓶颈作业和
      有争议的工序 ………………………………… 225
- 7-10 通过系统化"NHK"思考和迷茫 …………… 229
- 7-11 通过物流信息系统化实现"无步行" ……… 232
- 7-12 管理工作进度 ………………………………… 235
- 7-13 通过库存可视化合理订货 …………………… 238
- 7-14 应对提高物流服务和品质的需求 …………… 241

第8章

使用信息系统管理物流中心

- 8-1 通过型物流中心和库存型物流中心 …………… 247
- 8-2 物流中心运营的基本①——库存位置管理 ……… 252
- 8-3 物流中心运营的基本②——库存位置编号方法 …… 255
- 8-4 固定式位置和自由式位置的应用 ……………… 258

8-5　箱装区域和散装区域 ………………………………… 262

8-6　保管区域和分拣区域 ………………………………… 265

8-7　用存放位置区分商品状态 …………………………… 270

8-8　包装 …………………………………………………… 273

8-9　位置移动 ……………………………………………… 278

8-10　发货作业的批量处理 ………………………………… 281

8-11　按单分拣发货、批量分拣发货、多订单分拣

发货等三种发货方式 ………………………………… 284

8-12　搬运装卸设备的广泛使用 …………………………… 287

8-13　选择最能提高发货作业效率的

搬运装卸设备 ………………………………………… 290

第 1 章

自己动手
推进物流中心的改善！

　　现在，随着电商的普及、销售渠道的拓展，商品流通的构造发生着巨大的变化。这也要求作为支撑的物流在功能、能力、提供的服务水平等各个方面与时俱进。

　　而且，由于物流大环境和人工不足等的巨大影响，不可能再像以前一样将物流改善活动外包。今后，如果发货方不主动改善物流，将很难强化其事业竞争力。

1-1 物流发生着巨大的变化

电商销售额逐年扩大,这对物流产生了巨大的冲击。要求物流现场做出相应的调整——不仅仅是应对货物数量的增加,还要提供更为快速的配送服务。

▶▶ 电商的迅猛发展

阅读本书的各位读者,您现在是通过哪个渠道购物呢?有一两成的读者是通过亚马逊等网络平台购物吧。

网购已成为日常(1-1)

物流发生着巨大的变化（1-2）

2014年度（平成二十六年）电商销售额

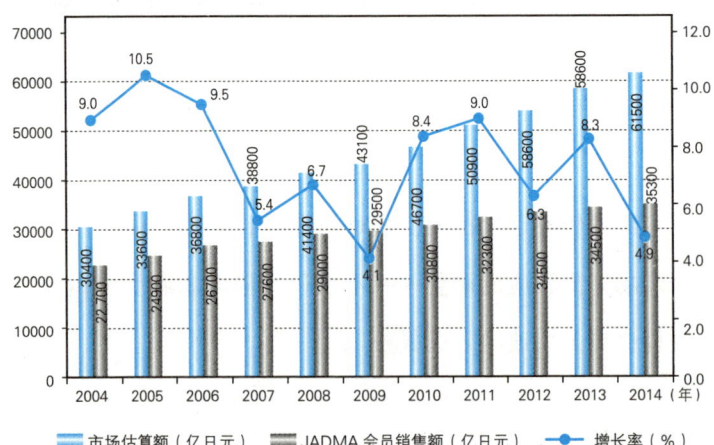

出处：公益社团法人 日本电商协会

日本国内宅急送配送量统计（单位：百万个）

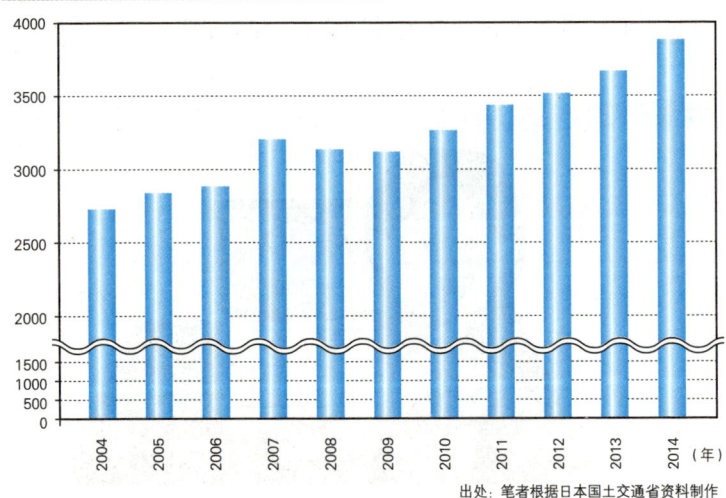

出处：笔者根据日本国土交通省资料制作

网购在逐年增加，最近10年的平均年增长率为7.3%，非常高。2014年市场销售额的估算突破6万亿日元，是10年前3万亿日元的2倍（公益社团法人　日本电商协会：JADMA调查）。

随着电商市场的扩大，日本国内的上门配送数量也在不断增加（国土交通省统计资料）。这就要求物流现场积极应对配送数量的增加，提供多样化的、更优质的服务。

注：本书成书于2017年。但作者所介绍的物流发展趋势和企业需要解决的课题，仍然可以为中国读者提供一定参考。——编者注

# 1-2 互联网对配送和物流中心产生的冲击

电商间的竞争扩大至物流服务，现在提供的是当日配送。这对支持电商发展的物流业产生的影响是巨大的，要求其必须高效应对。

▶▶ 对配送业务的冲击

随着销售总量的逐年攀升，作为发货人的电商间的服务竞争也在加剧。按客户指定的配送日期送达货物是基本要求，当日送达、数小时内送达的服务也已开始出现。配送主要提供"送达货物"的服务，而这种服务已发展到了极限。

另一方面，也有调查报告指出，二次配送的比例高达两成。对于司机严重不足的运输业而言，这一问题不是仅凭企业的努力就能解决的。

⏩ 对物流中心的冲击

❶货物种类的激增以及工作效率的低下

理论上讲，网店可以陈列无数的货架（商品）。因此，在后方为其确保库存的物流中心会面临仓储区域的严重不足以及分拣作业低效等问题。

想要增加仓储空间有其物理上的限制。此外，仓储面积越大，分拣区域也就越大，结果会陷入"步行距离增加"="分拣作业低效"的恶性循环。因此，有些企业采用在一个单位存储区域内存放多个商品的保管策略（混合存储），但是这样一来，在一个混合货架找出目标商品会耗费更多的时间，而且也常导致分拣错误的发生。

此外，备货种类的不断增加，会导致发货频率相对较低的商品的堆积（即BC级商品），一般的按单分拣方式往往会效率低下。

❷从订货到交货时间的缩短

为了满足指定时间送达以及当日送达的需求，物流中心被许可的作业时间必然会减少。为了应对这些订货需求，必须按照顺序、持续地作业。

❸附带作业的增加

根据顾客以往的购买记录等信息，每次发货时捆包促销商品或者进行礼品包装等的附带作业也在增加。

④处理网络特供商品

有些畅销品、网络特供商品没有 JAN 等溯源码。在处理这些商品时（核对货物），必须依赖目测，员工的负担也会因此增加。

互联网对配送和物流中心产生的冲击（1–3）

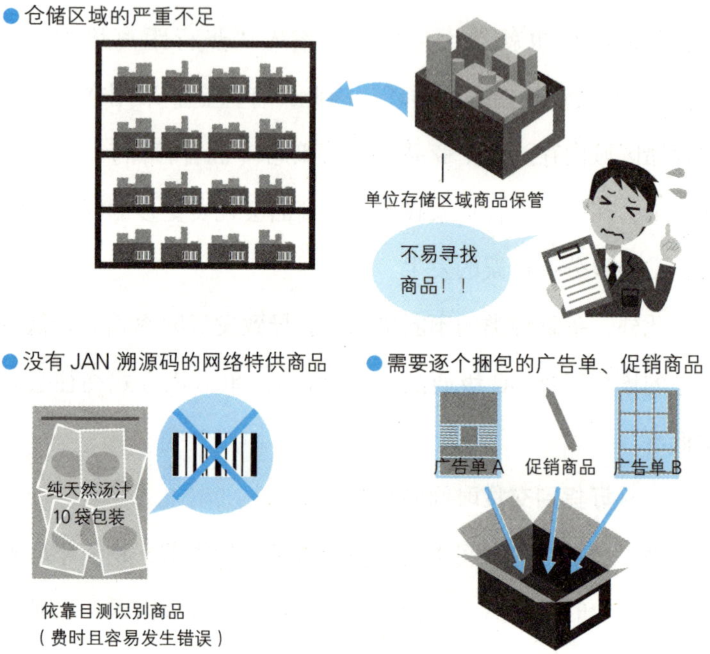

●仓储区域的严重不足
单位存储区域商品保管
不易寻找
商品！！
●没有 JAN 溯源码的网络特供商品
纯天然汤汁
10 袋包装
依靠目测识别商品
（费时且容易发生错误）
●需要逐个捆包的广告单、促销商品
广告单 A
促销商品
广告单 B

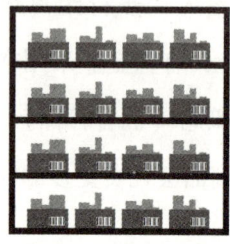

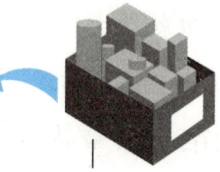

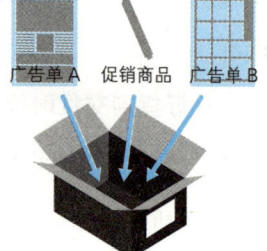

1-3 物流中心成为商业竞争的关键

物流一直是配角，但随着以网络销售为主的 B2C 商务模式的发展，其传统职能发生了巨大的变化，成为与顾客接触的准主角。

▶▶ 物流是成本核算中心？

关于物流的功能，以往一直被认为只是制造和销售的补充，是非营利部门（成本核算中心），发挥着"将制造的商品（或采购的商品）送达客户""送达顾客前暂且保管商品"等功能。当时的物流是辅助制造、销售等主角，只是"后处理型物流"，发挥配角功能。

以往并没有认识到物流是在销售最终环节接触顾客，并对销售额和顾客满意度起着重大影响的存在，仅仅一味关注其配送费、保管费等，以缩减物流成本。

▶▶ 网络销售引发的物流革新

但是，21世纪的今天，以上观点已不复存在，大家开始认识到物流与商业竞争力息息相关，是事业非常重要的组成部分。

这种观点的普及很大程度上是因为电商市场（以销售额逐年攀升的网络销售为主）的不断扩大。

不要说次日达了，以亚马逊为首的电商现在已经开始提供当日达服务，甚至利用无人机推进最为快速的个别配送实验。这恰恰印证了大家已经认识到物流为拓展新顾客、抓住老顾客提供着最为重要的一项服务。

▶▶ 与顾客接触的物流

某大型服装网店物流部门的负责人说道："仅靠备货、网站的设计、操作便利等是不可能在商业竞争中胜出的。销售前后的工作（如：量尺寸、拍摄、图片解说、退货处理等），包括订购热线在内的物流服务是一决高下的关键所在。"

由此可知，网络销售中的物流，不仅仅是备货、应对顾客订单这样的单一服务，而是更多地承担着与顾客接触、提高顾客满意度的主要功能。

而实现这种满意服务的主角正是物流中心。这就需要物流中心进行相应的改进，不仅削减成本，更要提供更优质、更快速的服务，以应对变化迅速的市场需求。

物流中心成为商业竞争的关键（1-4）

物流中心的位置

	评价基准	功能	位置
过去	削减成本	单一	配角
现在	提高顾客满意度	多样	准主角

1-4 仍需要大量人工的物流现场

虽然机械化在不断推进,如搬运装卸设备、机器人、无人机等,但是依赖人工的作业还有不少。保持人工和机械综合平衡的改进措施非常重要。

▶▶ 巨大物流中心的出现

最近,大型电商在物流仓库配置机器人、大规模地搬运装卸设备,这一点颇引人关注。黎曼经济危机前后的2000年至2005年,大家关注的是如何高效利用灵活性比较高的人力,但现在市场需求发生了巨变。这是因为现在物流现场很难确保人力。

▶▶ 中坚、中小型企业的现实

经常听到中坚、中小型企业物流现场的呼声:"就算提高小时工资也招聘不到零工!""有10多年工作经验的老员工若是辞职了,物流现场就会停工,但新人又招聘不到!"这些物流中心并没有添置搬运装卸设备，也没有添置机器人，作业完全依靠人海战术，手持商品票据，一天处理100—1000件的发货。由于物流行业需要从发货方获得的有限费用中支出设备费，所以在委托业务一年一签的普遍状况下，很难进行大规模设备的投资。

▶▶ 提高生产效率

如果因此就不做任何改善，那么物流现场的工作将很难维持。事实上，很多物流中心并没有以添置大型自动化、机械化设备为目标，而是部分添置了相对成本较低、运用广泛的手持终端设备系统、声音识别系统、数字化关联系统等，着重改善人工操作密集的工作环节，以整体提高生产效率。特别是在很多物流工作现场，需要人海战术解决的核对商品、分拣、打包等，由于这些系统的运用，提高了约20%—30%的效率。虽然只是部分的自动化，但其效果不可小觑。

此时必须注意的是，不能将添置设备、系统本身作为目的。供应商往往会提供一些超规模的解决方案，如果未仔细研究就轻易买入，之后往往会得不偿失。

为了不发生这样的失败，用户自身需要审视设备投资的目的和目标，在改善活动有明确规划的前提下再添置设备，这一点非常重要。只有在此基础上，才能不管发生什么状况，都能回到原点，讨论"最初的目的和目标是什么？"而不会往错误的方向推进方案。

仍需要大量人工的物流现场（1-5）

劳动力人口的减少以及物流中心的机械化、自动化

● 日本劳动力人口数量的推移

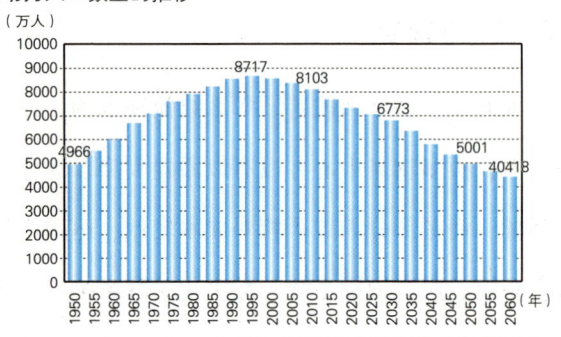

出处：总务省ICT超老龄化社会构想会议报告书

显然以后将会更加缺乏劳动力

明确目的和目标后再推进机械化、自动化！

机器人

声音HT

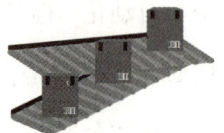
搬运装卸设备

1-5 复杂的仓库业务

随着商品质量和服务水平的提高,对物流中心的要求也越来越高。为了保持并提高竞争力,物流中心需要进一步改进。

▶▶ 提高物流中心的功能性

可以大致将物流的功能区分为"运输配送业务"和"仓库业务(物流中心)"。运输配送业务的本质,是在规定的时间内将货物运送到指定的地方。仓库业务的本质是保管商品并正确做好出入库。

关于运输配送,在装卸货完成之后,只要求卡车在规定的时间内抵达指定的地点。而仓库业务则要发挥多种功能,如:货物的保管和入库、出库、期限管理、盘货、分拣、清理库存、打包、流通加工等。随着网络销售的扩大以及销售渠道的扩展,要求物流中心提高各类服务水平,改进操作流程。

正因为其多功能性,所以物流中心也面临着确保劳动力的课题,以提高生产效率和质量。而对物流中心改善的需求也在逐年提高。

①应对不断扩大的个体订单数量；
②低发货频率商品的增加；
③应对销售渠道的多样化。

▶▶ 物流中心诊断

我们实施的物流中心诊断数的逐年增加也正印证了这个观点。发货企业、物流公司委托由专家组成的第三方对物流中心的仓库业务以及使用的WMS、搬运装卸设备等，"是否符合公司的业务需求？""是否存在需要改善的问题点或面临新课题？"等进行检查验证。

诊断的主题虽然也包括物流中心和运输配送网络的重新规划等有关物流构造的大课题，但大多数诊断点还是聚焦于仓库业务工作效率和质量的提高和改善。

这既表明了企业致力于改进物流中心，也表明了对物流中心提出了更为准确和高效的要求。

第1章 | 自己动手推进物流中心的改善！

复杂的仓库业务（1-6）

对物流中心的要求

- 应对不断扩大的个体订单数量
- 低发货频率商品的增加
- 应对销售渠道的多样化

销售渠道多样化的市场以及背后的物流中心

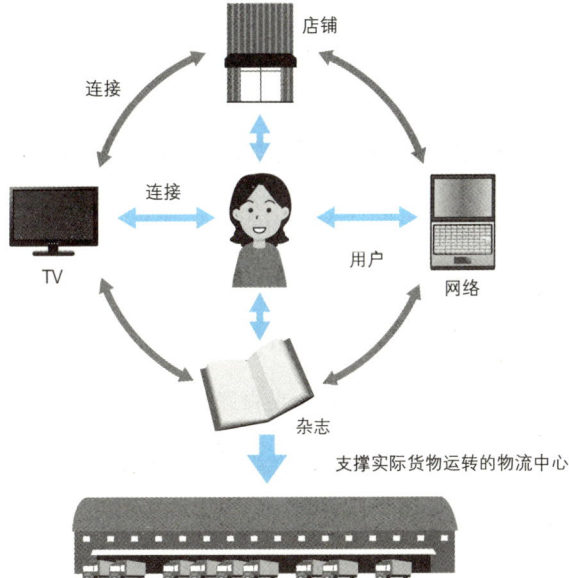

017

# 1-6 依靠外包竞标取胜的时代已经过去

将质量和成本改善完全交给物流委托方的时代已告终结，当下需要发货方自主进行改善活动。

▶▶ 以往的物流外包是将物流完全交给承包方

很少有企业能自行完成物流的各环节，大多数是与多家物流公司合作完成。在这种结构下，如果产生了某种改进需求（顾客的要求、投诉、本公司董事会设定的目标等），很多是完全交给合作企业去完成。来自顾客关于配送错误、配送延迟等的投诉、本公司上层的降低物流成本的指示等，对于这些需求设立的具体对策以及部分实施或者全部实施，一般都是委托给合作方。

▶▶ 日本物流业的成本结构

特别是物流成本的降低，一般不自行调整业务内容和条件，而是通过重新选定外包方，依靠竞争的方式，推进改革。

竞标本身并没有什么不好，但是自己没有参与新目标的实施、没有理清基本课题，仅仅依靠竞标的方式实现表面的成本降低，这种方式持久下去，必然会导致其他新问题的发生。此外，如果保持这种委托他人的方式，那么很可能会导致业务能力、技术的降低，难以依靠自身解决问题。

⏩ 人力不足导致的业界变革

近年来，委托方和承包方的关系发生了变化。

从买方市场向卖方市场转变。某中坚运输业董事指出，"卡车司机的实际从业人数低于卡车数量的状况一直持续着，也没有招聘到新的员工。超过 50 岁的老司机加班加点，但是新手的招聘没有任何进展，当下确保员工数成了最重要的经营课题。"

和土木建筑业一样，劳动密集型的物流业今后也将越来越难确保员工数。在这样的环境下，以前依靠合作方或竞标解决问题的方式将难以奏效，不仅如此，合作企业甚至会不予理睬。

不依靠外力，发货方自己主动解决课题，并要求合作方共同参与，这才是应该采取的方式。只有在这样的 Win-Win 关系中，才能实现新的突破。

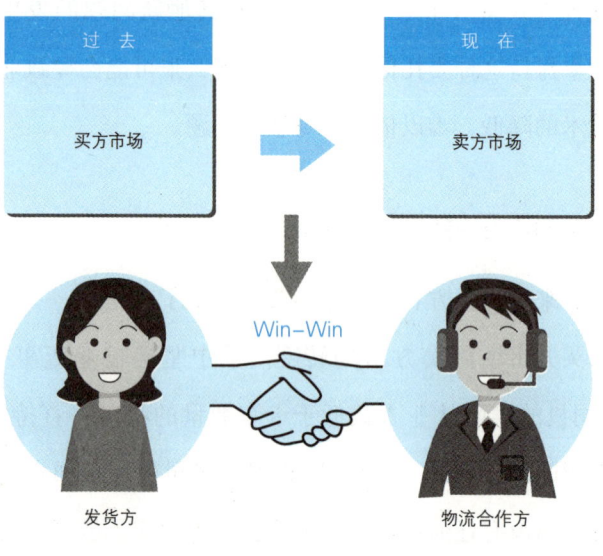

第1章 | 自己动手推进物流中心的改善！

1-7 廉价工具促进改善活动的推进

信息系统是业务改善的关键所在。现在，其多功能性及合理性得到了很好的运用，推动了改善活动的进行。

▶▶ 网络的普及使信息系统比较廉价

这是很久以前的事了，20世纪90年代初期，我从事搬运装卸设备、系统工程的设置工作，作为解决课题的首要一步，需要添置某个系统，记得当时的初期投资费不少于1000万日元。因此，进行设备投资的大多是大型和中坚企业，其门槛很高。在中小企业的物流现场，当然是员工拿着订单票据奔走于物流中心。

90年代中期，随着计算机系统的广泛运用，信息设备的成本降低，中小企业也能在物流现场利用信息系统。而且，那之后的10多年来，网络服务不断普及、扩大，以往需要公司自行保存的信息系统，现在不需要了，可以通过云计算获得软件服务。只要连通网络，每月支付数万至数十万日元的服务费就能够享有同样的功能，而无须支付数千万日元购买软件。这种环境巨变，使得中小企业，甚至是个人店铺，都能拥有与大企业同样的基础环境，进行商业活动。

这些软件服务的优点有两个。第一，由于很多用户都在使用，所以很少出现问题，稳定性比较高。第二，由于满足了多数用户的共同需求，所以应对日常业务是绰绰有余的。

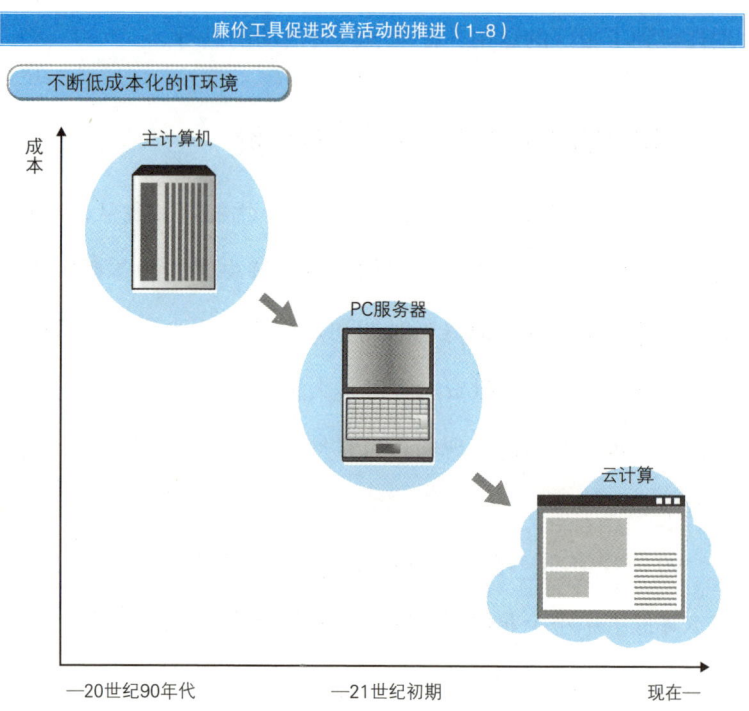

廉价工具促进改善活动的推进（1-8）

不断低成本化的IT环境

▶▶ 信息系统的灵活运用是业务改善的关键所在

进行业务改善时，作为解决课题的第一步，大多需要变更业务流程，同时在确保合理化和正确性的基础上，灵活运用信息系统。此时，可以合理运用前述的软件服务功能，依靠自身的力量快速、低成本地推进改善活动的开展及落实。

软件只是解决课题的工具而已。不要将添置系统本身作为目的，而应该在弄清业务改善的目的和目标的基础上，选择相应的策略。

1-8 依靠外力的改善是难以推进的

发货方应具备并提高对外包业务进行测评的能力和水平，主动推进业务改善。

▶▶ 为了推进改善

物流策划、物流业务负责人的咨询不断增多。如"不知道该从哪儿入手进行改善""虽然知道存在的问题点，但不知道如何进行改善"，等等。虽然有时也会碰到"自身尚未觉察问题所在"的"重症企业"，但大多数都是"想要改善业务"，这一点我能深切感受到。

一开始若能做好以下几点，改善活动就能顺利推进。

①明确改善的目的和目标；
②明确改善对象（问题点和课题）；
③制订改善措施，设定实施体系。

▶▶ 业务外包的阶层化阻碍改善的推进

上述的第一点，很多是经营方或上层下达的，第二点和第三点则一般都是由物流策划部或物流部等实务部门严格推进的。但同时我也感到实务部门缺乏执行这项任务的人才。其一大原因是，近10年来的业务外包的阶层化和细分化。

举个显著的例子，3PL承包了整个物流业务，但实际上是由3PL的地方分公司负责各个相关业务管理。在分公司的管理下，又由多个业务公司以人才派遣的方式完成每日不同量的入库、分拣、打包等各项作业。大规模的物流中心多是这样的多层化的劳务形态，并且还在不断增加。

在这样细分、阶层化的物流现场，发货方只能通过与过往业绩相比较，评价其业务的好坏、生产效率、成本，即所谓的"黑匣子"化。这样一来，物流现场负责人即便想改善也无从下手，而且，如果由于环境变化而导致追加业务的话，往往不会和委托方充分协商，而是自行追加费用。

外包本身并不是问题。物流必须和多方合作才能完成。重要的是，发货方具备并提高评价业务及其结果的能力和水平。不然，发货方很难主动推进改善活动。

依靠外力的改善是难以推进的（1-9）

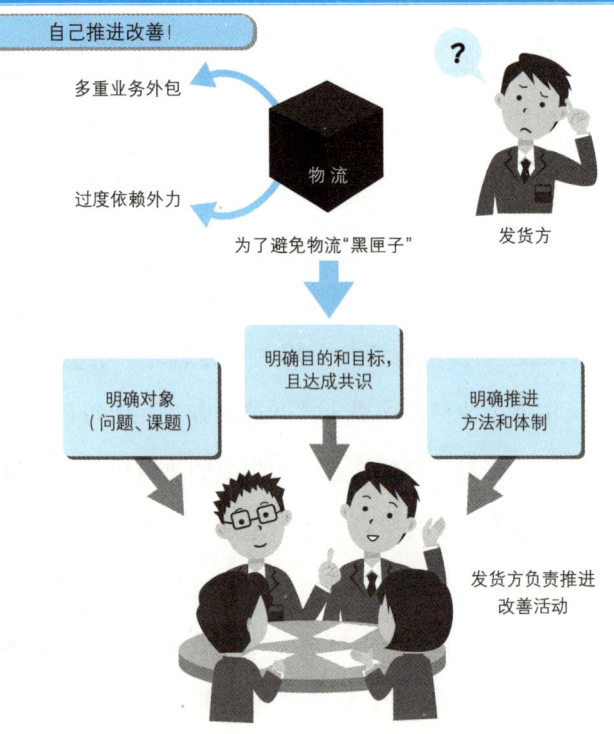

自己推进改善！

多重业务外包

物流

过度依赖外力

发货方

为了避免物流"黑匣子"

明确对象（问题、课题）

明确目的和目标，且达成共识

明确推进方法和体制

发货方负责推进改善活动

专栏　关于活用图像识别

最近，活用图像识别技术的物流改善案例在增加。

物流相关业务中，图像识别主要用于以下两点。第一，用图像识别未标注条形码、二维码的零部件、材料、商品上的标签文字。第二，用图像检查出入库商品数量是否准确，或者有无磕碰、破损。

这项技术往往被看作一项梦幻技术，认为原本由人工目测的文字、物体形状、数量等统统可以由系统取代。但是，随便添置系统有时会遭遇意外痛击。

文字识别最让人头疼的是文字误识别。OCR字体一般是以摄像头可识别为前提的，所以没有必要担心会发生识别错误。但是，商品包装的文字等，是以人工识别为前提的，所以文字的字体、大小、颜色也各有不同。一个摄像头很难100%识别各种文字。

为了避免识别错误的发生，需要尽可能多地收集样本，反复试验，消除错误。而且还需要尽可能避免识别的文字不加纠错就登录系统，应该添置即便发生错误，也可后续由人工跟进修正的系统。这一点也需要引起足够重视。

另一方面，在使用图像识别系统检查商品时，最为重要的是，尽可能使周围环境相同。摄像头容易受时间、气候，甚至是太阳位置不同而产生的阴影等的影响。白天识别OK的，到了晚上就NG，这也证明了摄像头容易受到周围光线强弱的影响。这种情况下，为了不受白天和晚上的不同光照影响，可以把窗户关上，设置独立的照明系统，让周围的亮度保持统一。

如果在实际使用后发生这样的错误，则需要花费大量的时间和人力去应对。在添置图像识别系统这一新技术时，对其他公司的成功案例不加推敲、完全委托卖方的做法是十分危险的。让我们主动推进、添置将来不会后悔的系统！一起挑战吧！

第 2 章

物流改善活动的全貌

　　统率物流改善活动的是物流部门。可以按照本章概述的改善计划4步骤（Step 0—3）进行，召集相关部门，对目的和目标达成共识，从而成功推进改善活动。这样不会走弯路，比较高效。

2-1 改善活动的主角是物流部门

物流部门每日忙于应对各种环境变化,改善活动的统率者正是物流部门。

▶▶ 必须应对变化的物流部门

第一章也有所提及,物流部门必须敏锐应对以网销为主的外部环境的变化,以及商品种类的变更、生产场地的重新规划等内部环境的变化。与此同时,物流部门还承担着将商品送达客户的"Last 1 Mile"、与顾客直接接触的职责。这就要求物流部门倾听相关人员的需求、应对业务间发生的各种问题。当日常业务难以解决时,则需要召集相关部门,推进改善活动。那么,这项改善活动将由谁统率呢?只能由物流策划部、物流部等实务部门担任主角。

经常听到"日常业务忙得团团转,没有时间从事改善活动""我们可没有当过改善活动的统率者""既然与系统有关,那么让系统管理部门负责如何?"等呼声,但是,了解业务内容和业务的真实情况，并能够讨论其正确的改善方向的，只有这些成员。

▶▶ 关于目的和目标，和其他部门达成共识

以物流部门为主体推进的改善活动主要有 3 个课题，分别为：提高质量，降低成本，缩短订货至发货时间。"降低成本"这一粗略要求有时是上级下达的，但是在改善计划启动时，则需要设定更为具体的目标，让成员都能理解并达成共识。

在改善活动中，很多情况需要各成员加以判断和决策。如果没有对目的和目标达成共识，那么不仅改善活动本身不能顺利进行，而且还会判断错误。因此，每当发生状况时，责任人都有必要和成员再次梳理目的和目标。

▶▶ 对推进方法达成共识

通过什么样的方法和顺序达成既定目标？关于这一点需要和成员达成共识，在各自都理解的基础上，推进具体的改善活动，这非常重要。不清楚方法和顺序的话，就会对活动本身产生疑问和怀疑。在这样的状况下，不仅不能顺利推进改善活动，还会发生工作偏离目标的状况，造成额外的时间浪费。

▶▶ 任务和体制的建立

物流相关计划需要和制造、营业、系统等相关部门进行协调。为了取得各部门的协助、顺利推进工作的开展，需要在公司内部对任务和体制达成一致意见，并予以公布。

改善活动的主角是物流部门（2-1）

物流部门是改善活动的发起人

物流部门是统率者

● 业务改善计划启动的必要条件

① 目的和目标
② 推进方法
③ 任务和体制

033

2-2　改善活动的全貌

为了在改善活动中取得有效成果，需要按照正确的顺序加以推进。接下来先理解一下4步骤构成的改善活动的全貌。

▶▶ **关于改善活动的步骤**

前面论述过了物流改善活动需要业务部门负责推进。那么，"实际上该如何进行呢？""完成什么样的任务就可以了呢？"等，是接下来推进活动时面临的课题。

在此，先概述一下我们和客户实际推进的物流改善活动的全貌。尽管我们实施的改善活动的规模有大有小，但是推进方法本身并没有多大差异。按照以下步骤就可有效推进改善活动的进行。

▶▶ **改善活动**

❶ Step 0：活动策划、预备调查——目的和目标、活动范围的设定

这一步是为了明确改善活动的目的和目标。虽然也有上级

下达定性或定量目标的情况，但更多的是业务部门自己设定。后者会反复研讨"问题在哪儿？课题是什么？""实际发生了什么？"等，而后成员对目的和目标达成共识。

但是，在这一阶段，很多时候难以确定问题和课题，这时需要进行预备调查，搜集相关材料。而后，根据预备调查，估测下一步的活动规模和范围。

❷Step 1：现状调查分析——确立问题点和课题

这一步是为达成目标，通过调查物流业务以及所使用的系统的实际状况，明确问题点和课题。在 Step 0 的预备调查的基础上，进行更为详细的调查分析。通过调查收集材料，明确问题点所在，确定课题，并加以解决。

❸Step 2：提出改善策略，并加以推敲

这一步是提出解决问题点和课题的方针和策略。

搭建成员展开讨论的平台，召集相关部门，相互切磋（头脑风暴），在提出新的策略的基础上，决定首先实施哪一步。

❹Step 3：测算效果——进行实验、制定日程

商定的策略有时会包含设备和系统的投资。为了在估算其投资效果的同时，验证策略是否有效，有时需要先在小范围内进行试验。这样就能更为具体地、阶段性地确认策略的有效

性。如果试验结果良好，则可实际运行。

专栏 将改善计划中的任务分解运用于解决个人问题

当同时需要解决多项任务时，往往不知道从何处入手，束手无策。这不仅发生在商业中，也发生在个人身上。

前几天，我因个人原因而搬家，当时需要做的有很多：联系搬家公司，联系电力公司、自来水公司、煤气公司，并等待上门服务，定制新家具，家具安装日程的调整以及等待上门安装，联系网络供应商并等待上门安装，居民票的变更，等等。这些手续通过网络检索可以获取明细表，但是没有时间安排，"谁""什么时候"进行哪项工作，并不明确。

因此，需要制作简单的搬家计划 WBS，明确自己、妻子、帮忙人员的各自分工，让全员达成共识，而后顺利完成。

多亏将改善计划中的任务分解运用到个人问题，才没有发生什么大麻烦，顺利地搬完了家。

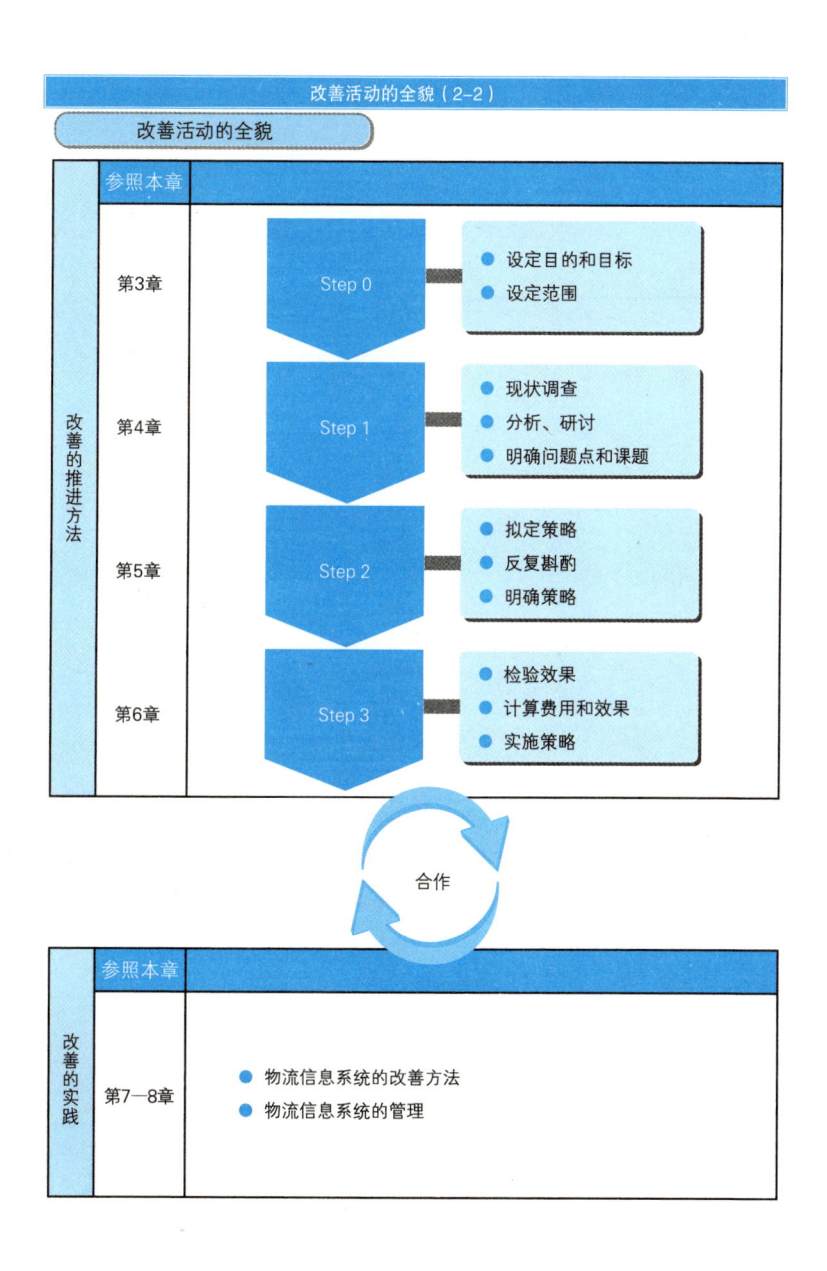

第 2 章 | 物流改善活动的全貌

改善活动的全貌（2-2）

改善活动的全貌

参照本章		
改善的推进方法	第3章	Step 0 ● 设定目的和目标 ● 设定范围
	第4章	Step 1 ● 现状调查 ● 分析、研讨 ● 明确问题点和课题
	第5章	Step 2 ● 拟定策略 ● 反复斟酌 ● 明确策略
	第6章	Step 3 ● 检验效果 ● 计算费用和效果 ● 实施策略

合作

参照本章		
改善的实践	第7—8章	● 物流信息系统的改善方法 ● 物流信息系统的管理

037

第 3 章

"Step 0"预备调查——设定目的、目标和范围

开始改善活动时，重要的是确立目的和目标，弄清"为了什么而进行改善"，并且让全员对此达成共识。如果这一点没有做好，那么在各种情况下的决策就会有偏差，导致改善活动陷入困境。

3-1 没有目的和目标的轮船（改善活动）会迷失方向

明确目的和目标可以有效防止改善活动陷入困境。

▶▶ 设定目的和目标，并达成共识的重要性

改善活动常常被比喻成在大海上航行。谁都不希望，在广阔的大海上航行，没有目的，也不明白何时会结束。只有在明确出航的原因（目的）、前往的目的地（目标）、大致的航行路线和方法（范围）的前提下，人才会有挑战航海的欲望。

改善活动也是一样的。只有参加改善的成员对目的和目标达成共识，并且每个人都理解，才能势如破竹，挑战困难课题。

而且，目的和目标的设定必须让大家都一目了然。特别是关于改善活动的目标，需要从定性和定量两个角度定义，让大家都能判断是否达成目标。

我们把这一过程称作"Step 0"，当然也可以作为 Step 1。

"从零开始思考"

"从一张白纸（=零）开始"

含有挑战新事物的意思和热情，所以定义为 Step 0。

没有目的和目标的轮船（改善活动）会迷失方向（3-1）

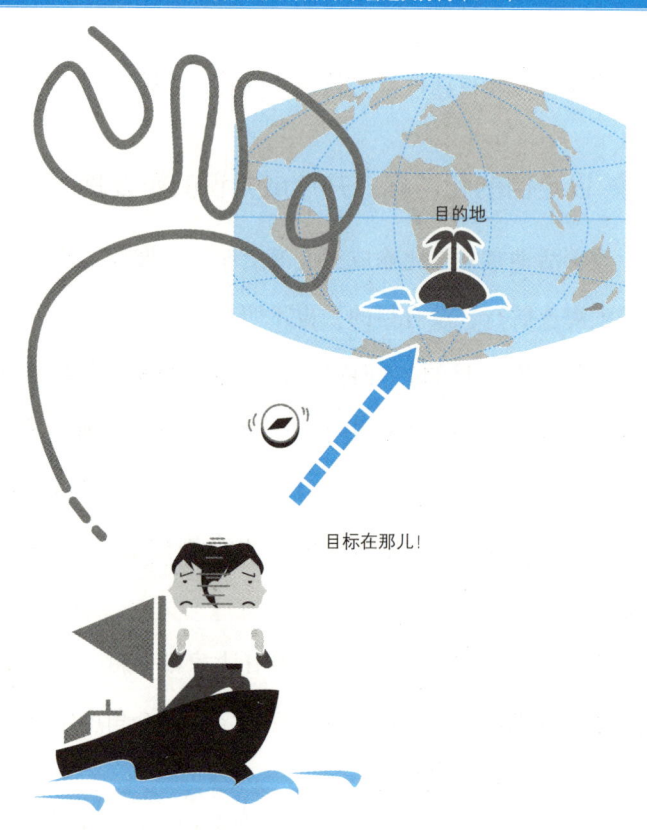

目的地

目标在那儿！

3-2 目的和目标出乎意料地难以达成共识

对改善活动及其目的、目标的理解会产生差异，召集相关人员尽早参与活动可有效解决这个问题。

▶▶ 对活动提出质疑

在开始改善活动时，需要召开启动会议，由项目负责人、老板提出改善活动的目的和目标，让参与成员都有所了解。但是，实际上成员有时会对活动本身提出质疑，如"这个真能实行吗？""有什么好处呢？"等。即便这不会对活动本身产生阻碍，也很难期待成员会积极参加。

▶▶ 让成员参与，对目的和目标达成共识

如果没有制造和营业部门的协助，很多物流改善课题是难以推进的。相关部门的成员只是旁观的话，改善活动不可能顺利进行。为了避免此类事情的发生，在计划启动之前的准备阶段，召集相关部门的负责人，充分讨论目的和目标的设定，这

样比较有效。

目的和目标出乎意料地难以达成共识（3-2）

改善活动成功的关键

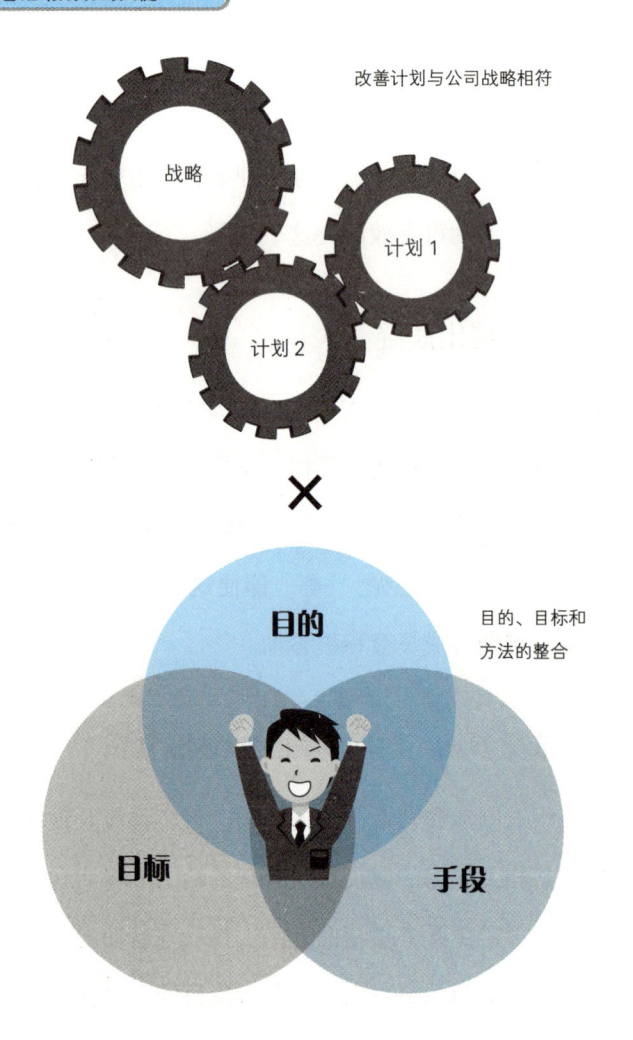

战略

计划1

计划2

改善计划与公司战略相符

×

目的

目标

手段

目的、目标和方法的整合

多次召开会议商讨后，成员会对活动策划的背景、重要性，对包括本部门在内的整个公司产生的影响等产生共识，这有助于提高参与度和工作热情。

此外，改善活动的目的和目标必须与公司的战略相符，这是个大前提。

3-3 核心理念可提高成员凝聚力

明快而又坚定的核心理念会成为改善活动的重要推进力。

▶▶ 为什么需要核心理念？

如果用一个词来表达"往哪个方向推进改善活动"，那就是"核心理念"。成员一听到"Concept"，就能立即联想起改善的目的和目标，也就是贯彻整体的基本方针。

那么，改善活动真的需要核心理念吗？

可以说，正因为有了相当于"指南针""锦旗"的核心理念，才能顺利推进改善活动。

理由如下。

❶ 全员有凝聚力

改善活动（特别是物流的改善活动）一般由不同部门的成员合力完成。如果对目的和目标没有达成共识，那么各自的行动就会散乱、不一致，这样，不仅速度会显著降低，还会引起意想不到的冲突。而核心理念可以让成员具有始终如一的思考方式，对于排除这些障碍效果显著。

❷决策时有"指南针"

在推进改善活动时，成员常会碰到各种情况，需要各自做出决策。此时，如果由一个人（如：主要责任人）做所有决策，那么其内容可以保持统一性，但是这样的话，时间是远远不够的。因此，需要成员各自做出决策，此时，核心理念就成为"指南针"，使得各自做出的决策在改善活动中具有统一性。

核心理念可提高成员凝聚力（3-3）

❸有积极的期待

所有成员均为专职的案例很少,一般来说,除了小部分为专职外,大部分都是兼任。在肩负日常业务的同时参与改善活动,并对现在的业务做出调整,无论是精力还是时间都不够。

具有积极期待的核心理念能引导成员"为公司和客户,以及公司的未来做贡献",成为成员的一种精神依托,推进改善活动的开展。

3-4 明确设定改善的范围

所有的改善项目，都要求通过利用有限的经营资源，在一定的范围内取得成效。

▶▶ 改善活动在一定的范围内推进

在推进改善活动时，需要全体成员在启动的节点，对"研讨的面该具有怎样的广度""研讨又该深入到何种程度"等，持有共识。

Step 0 一般从零开始"描绘"改善前景。但是实际上，投入改善活动的经营资源是有限的，也必须依靠这有限的经营资源实现既定的目标。因此，改善活动原则上应该在一定的范围内进行。

关于范围，有时在策划阶段决定，有时在活动展开的过程中决定，但都只是一个大致的范围。比如，我们假定"本改善活动仅在物流部门能实施的范围内进行"，但是，实际上很多问题和课题都与制造、营业等部门相关，如果不采取措施，就不可能完全解决问题,也就是说,仅仅依靠一个部门的努力是很难进行的。

因此,策划阶段要确定实际的实施范围,与此同时,关于下一步之后的现状调查、提出解决策略等,也应在预备调查阶段估算出研讨的广度、深度,以及活动所必需的资源,把握改善活动的整体规模,这一点非常重要。

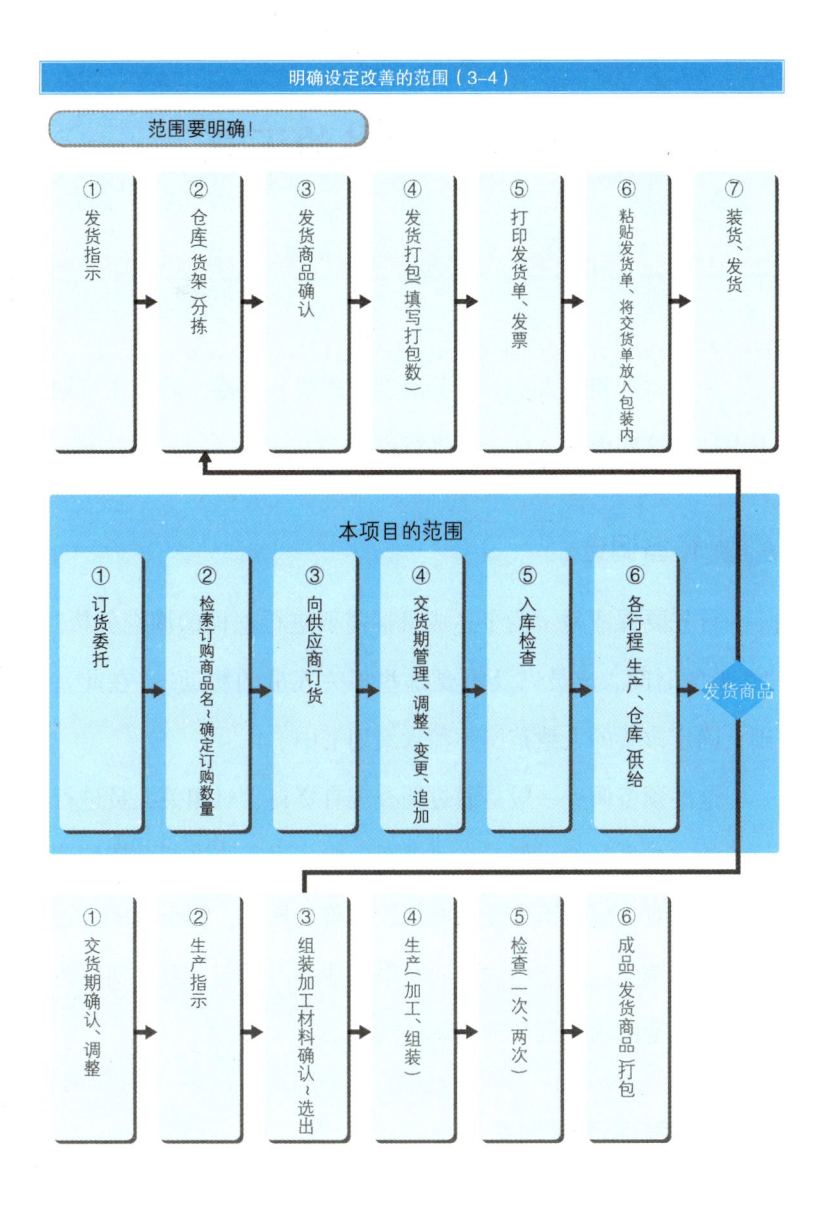

第3章 | "Step 0"预备调查——设定目的、目标和范围

明确设定改善的范围（3-4）

范围要明确！

① 发货指示 → ② 仓库、货架、分拣 → ③ 发货商品确认 → ④ 发货打包（填写打包数）→ ⑤ 打印发货单、发票 → ⑥ 粘贴发货单、将交货单放入包装内 → ⑦ 装货、发货

本项目的范围

① 订货委托 → ② 检索订购商品名~确定订购数量 → ③ 向供应商订货 → ④ 交货期管理、调整、变更、追加 → ⑤ 入库检查 → ⑥ 各行程、生产、仓库供给 → 发货商品

① 交货期确认、调整 → ② 生产指示 → ③ 组装加工材料确认~选出 → ④ 生产（加工、组装）→ ⑤ 检查（一次、两次）→ ⑥ 成品、发货商品打包

051

3-5　活动策划书的汇总

为了得到相关人员对改善活动的理解和支持，需要在策划书中加入这些内容，向全员进行说明。

▶▶ 预备调查

首先要弄清楚"为了达成目标需要进行怎样的调查分析""需要的时间、成员以及需要哪些相关人员的协助"，在此基础上确定改善的大致范围并写入策划书中。

这些预备调查一般是通过调查现有资料、对相关人员进行访谈的方式进行的，但是在改善活动中，当需要进行全新的调查和分析时，应该事先把握好规模和难易程度，缩小范围，进行试验性调查。这项活动需要召集其他部门参与，对后期即将开展的改善活动起到事前协调的功能。

▶▶ 改善活动策划书

作为 Step 0（活动策划）的成果，将目的目标、范围、推进方法、体制、日程安排等汇总成策划书。一般由项目负责人带领数名办事员完成策划书的撰写,并与企业经营人反复推敲,最终达成一致意见。

活动策划书的汇总(3-5)

根据预备调查撰写策划书

对改善活动的相关人员的要求:
- 参与改善活动
- 达成一致意见

改善活动策划书
- 项目的目的、目标
- 范围
- 推进方法
- 体制
- 日程安排

此外,在项目启动会议上,根据策划书向全员说明改善活动的内容。

3-6　组建协同合作的项目小组

与不同成员的讨论会产生突破性的想法。

▶▶ 组建队伍!

目的和目标的明确并不意味着改善活动就能成功。改善活动是由人推进的，因此可以说组建什么样的队伍决定了改善活动是否能顺利进行。明确的目的、目标的设定，组建具有相关专业性、能力、个性的团队，才是成功的第一步。一般而言，物流改善项目从物流策划、管理以及信息系统等部门召集成员。

此外，组建队伍并不是说简单地让成员合力完成工作，而是期待项目组能在通力协作的基础上做出成果。

▶▶ 成员多样性会产生协同合作的双倍效果

组建队伍时，要召集专业和能力不同的、能互相取长补短的成员。为了取得比成员简单合力更好的成果，在改善活动中成员应能够互相启发，这一点比较重要。

改善活动是不同专业、能力、背景的成员一起工作。因此，组建之初，较难把握彼此的距离和工作的节奏，或许会产生摩擦、焦虑，讨论时甚至会有所冲突。但是这反而会产生刺激，形成新的突破口，产生新的想法。

▶▶ 设法产生多样性

如果必须在公司内的同一部门中挑选成员，在成员的专业和技能都类似的状况下，需要设法在有限的资源范围内产生多样性。

比如，挑选工作年限大不一样的成员，或者让从旁援助实务部门的成员参与到改善活动中。这样的话，即便对于同一业务或问题，也能从不同的立场和角度进行思考，避免思考的单一化。

如果策划阶段的基本态度是从零开始思考，那么成员的多样性是必不可少的。

专栏 重要的是认识到"现状分析=统一认识"

为了改善物流业务，首先应分析现状，这一点很重要。而为了了解现状，需要做的大致可以划分为如下3点：①相关人

组建协同合作的项目小组（3-6）

物流部

营业部

制造部

维护服务部

信息系统部

组建由不同背景的成员构成的小组，实现1+1=N的效果

员调查；②数据分析；③活动分析。

其中"①相关人员调查"并不是为了听取对现状的意见而收集一些新的信息，而是以调查的内容为基础，将业务流程可视化，整理各个流程的问题点，这有助于让相关人员达成共识。

"②数据分析"和"③活动分析"是通过分析结果（定量信息），对工作现场的感性认识（定性信息）进行补充，以加深对现状的进一步理解。

现状分析是把握业务改善问题点的第一步。为了让公司上上下下的员工对现状分析的内容达成共识，需要树立意识——即"现状分析"不仅要让本部门了解，更要让其他部门了解。如果认识到"现状分析＝统一认识"，那么物流业务改善的第一步已经成功了。

第 4 章

"Step 1"现状调查、分析
——确定问题点和课题

目标和现状之间的差距就是问题点,如果不弄清这一点,则无法确定改善的方向(课题)。因此,首先应从定性和定量两个方面弄清现状,确定问题点和课题。

4-1 必须调查现状

仅凭现有的资料,是不可能弄清楚现状的。项目组成员应亲自前往现场,了解"事实",这一点很重要。

▶▶ 现状调查的重要性

对现状的了解方式和理解度因人而异。而以往的事实和现状之间常常有很大的差距。因此,在进行改善活动时,首先应对现状,特别是问题点进行梳理。

▶▶ 对现状达成共识的必要性

物流改善活动需要和上下游部门(例如制造、营业等)合作。因此,重要的是将业务的现状、问题点、课题告知相关各部门,并达成一致意见,让全员参与到解决问题的项目中。对于改善活动而言,调查业务的实际状况并将其可视化,是必不可少的。

▶▶ 获取事实证据

尽管成员精通业务，十分清楚现场优缺点，但不能因此就不做现状调查。因为各人的业务知识和经验都不同，全员不可能在同一标准上把握业务的实际情况。在推进改善活动时，有必要重新正确把握现状。

▶▶ 调查的内容

关于改善活动范围内的主要业务，需要细致调查如下几点。

①什么时间（When）

②谁（Who）

③什么工作（What）

④为了什么（Why）

⑤什么频率（How often）

⑥以怎样的顺序进行（How to）

⑦发生了什么问题（Problem）

▶▶ 和 QCD 的关系

物流改善可以从 QCD（Quality，Cost，Delivery）中的一

第4章 | "Step 1" 现状调查、分析——确定问题点和课题

个方面开始，大部分是上述的 C（降低成本）和 D（缩短从订货到交货的时间）等提高业务效率的课题。Q（质量）是改善活动的前提条件，应加入到所有的活动之中。

为此，下一节开始主要概述以 C 和 D（提高业务效率）为主的解决方法。

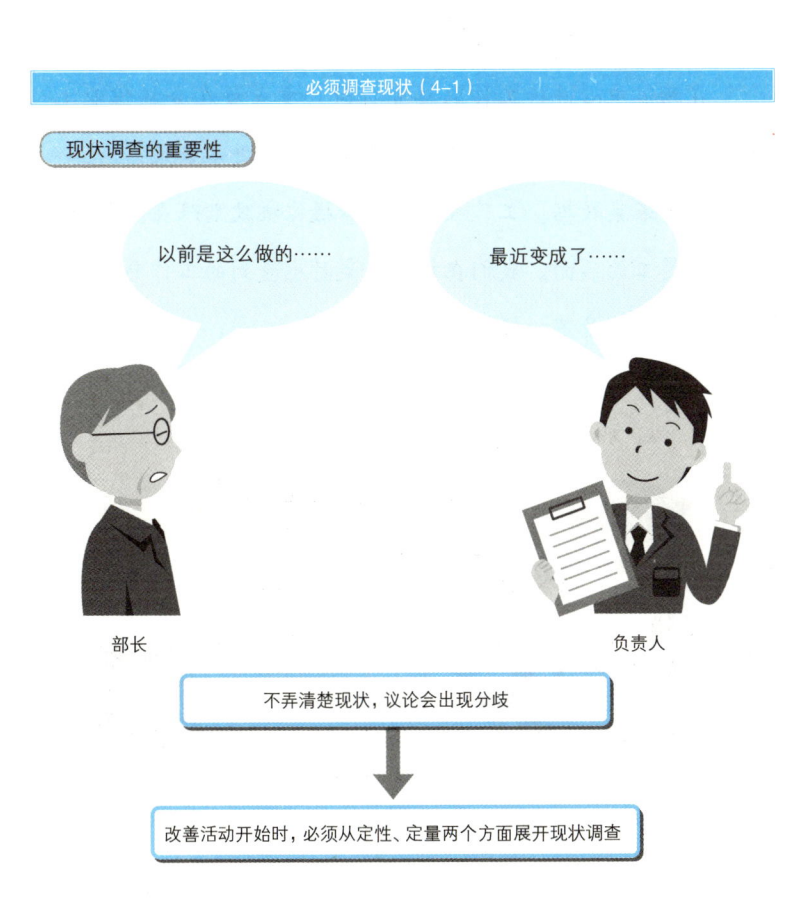

必须调查现状（4-1）

现状调查的重要性

以前是这么做的……

最近变成了……

部长　　　　　　　　　　　　　　负责人

不弄清楚现状，议论会出现分歧

改善活动开始时，必须从定性、定量两个方面展开现状调查

063

专栏 工作取样分析实感

正如本书指出的那样,工作取样分析是将工作分解成构成这些工作的要素,将工作的内容可视化。

以前,为获取数据,挂脖画板和秒表是必不可少的。现在一般是用摄像机拍摄后进行分析。

在物流中心进行工作取样分析时,重点放在分拣作业上,因为分拣作业人数多,而且预计改善会带来更多效果。

为了采集数据,工作人员会架着摄像机默默跟在进行分拣作业的员工的后面。我们在数据采集时感受到的工作要素比例和数据分析后是不一样的。

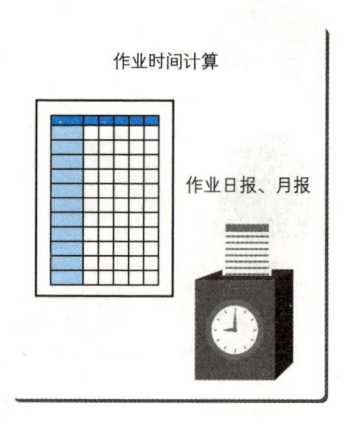

现状调查的重要性

作业时间计算

作业日报、月报

第4章 | "Step 1" 现状调查、分析——确定问题点和课题

恺撒说过,"人都只看自己想看的"。每次进行工作取样分析时,大家都能切实感受到很难"客观看待事物"。

我建议利用记录"事实"的文明利器——摄像机进行分析。人的所见所感中若掺杂了主观因素,就放弃。

4-2 从定性和定量两方面把握现状

以现有资料和访谈为基础进行定性分析，找到深入挖掘的要点后，进行以数据为基础的定量分析。

▶▶ 现状调查的方法

关于作为改善对象的业务，在现状调查时，需要详细了解"什么时间，谁，什么工作，为了什么，以什么样的频率、什么样的顺序进行"，从定性和定量两个角度进行调查、分析、研讨。

定性分析是指对无法数值化的内容（访谈等的意见、视觉材料、难以用数值进行评价的项目等）的分析。定量分析是指以数值为基础进行的分析。

▶▶ 调查的推进方法

在这项工作中，首先，将现有资料（业务手册、系统说明书、操作说明书、各种作业单据等）收集起来，以此为基

第4章 | "Step 1" 现状调查、分析——确定问题点和课题

础确定业务的整体情况、调查分析的焦点和工作量。

从定性和定量两方面把握现状（4-2）

●定性方面

访谈

●定量方面

订单数据　　库存数据

作业观测数据

- 业务一览表
- 业务流程图
- 物量流程图
- 系统结构图

- 订单分析
- 商品ABC分析
- 库存分析
- 工作取样分析

067

之后，梳理业务，制作业务一览表、业务流程图、物量流程图、系统结构图，将各业务之间的关联性、处理顺序、问题点、课题可视化（定性分析）。在此基础上，针对工作中出现的问题点和课题，进行订单分析、商品 ABC 分析、库存分析、工作取样分析等定量分析，把握其量和对业务的影响。

4-3 明确业务构成要素及其关系（定性分析）

通过图表和矩阵图，将外行难以一眼理解的业务流程和关系可视化。

▶▶ 业务一览表（矩阵图）

关于业务，将"什么时候""以什么频率""谁""做什么工作""为了什么"等事项汇总在一览表中。这样可以详细记录通过业务流程图无法了解（业务流程图中无法完全记录）的每一项工作，所以可以在改善活动中适时使用。

另外，还可以事先给出业务一览表的参考格式，分享给各业务负责人，让他们各自制作。这是一种使用方便的业务调查工具。

▶▶ 业务流程图（图表）

关于各业务流程和业务之间的关系，概念图使用"方框"表示业务名称和工作内容，用"箭头"表示关联性。首先设置负责不同业务的各部门的"道",然后从左到右按照时间顺序,用"方框"和"箭头"表示业务的流程和关联性。因为业务流程图和游泳池的泳道一样,所以它也被称为"游泳泳道图表"。

明确业务构成要素及其关系(定性分析)(4-3)

业务一览表

业务分类	作业名称	作业内容	责任人	频率	使用的系统	问题点、课题
订单处理	开始订单处理	制作、打印面向制造、物流的作业指示	业务部	每日一次	订单管理SYS	
	制作订单摘要	打印当天的订单列表并归档,用于库存补充计划	业务部	每日一次	——	
	确认库存	查询可抵扣的库存	业务部	每日一次	订单管理SYS	
	输入暂定的交货期	输入系统计算的标准交货期	业务部	每日一次	订单管理SYS	
	输入答复的交货期	对于特别定制的产品,要等待制造部的答复,然后输入答复的交货期	业务部	每日一次	订单管理SYS	
	在指示书上手写交货期	在指示书上手写交货期	业务部	每日一次	——	
	记录交货期	对于特别定制的产品,输入制造部答复的交货期	业务部	每日一次	订单管理SYS	
	输入答复的EDI交货期	对于特别定制的产品,输入制造部答复的交货期	业务部	每日一次	订单管理SYS	
	输入发货指示	对制造、物流做发货指示	业务部	每日一次	订单管理SYS	

070

谁、在什么时间、实施了什么工作，一目了然。无论是把握现状，还是找出问题点，业务流程图都是非常好用的工具。

在业务手册等现有资料中，有时也会有关于业务流程的记录。但是这些流程要么只是部分内容，要么描述得过细或者过粗，很多时候无法直接使用。因此，在改善活动中需要重新制作。

关于业务流程图的制作，应按照统一的描述要求，由非负责人的项目组成员负责完成。

4-4 根据采访内容当场制作业务流程图

尽量减少业务流程的制作与确认环节，是进行精准高效工作的关键。

▶▶ 带回制作会降低工作效率和准确率

有一种方法：现场访谈结束后，将访谈内容带回，而后制作业务流程图。但是，随着时间的推移，记忆会模糊，此时进行制作，会降低准确率。而且，身旁没有对象（业务负责人）可以确认内容，工作效率也会降低。

此外，利用电脑制作，而后反复请业务负责人予以确认和修改，不仅浪费时间，还会增加现场的负担。

▶▶ 当场制作并确认

在制作业务流程图时，只能询问负责该业务的责任人，此外别无他法。顺序是向业务负责人咨询业务及其流程，而后写在纸上，并确认有无疏漏或错误。

第4章 |"Step 1"现状调查、分析——确定问题点和课题

这项工作非常耗时。为了尽量提高工作效率，可以一边向业务负责人询问业务流程，一边当场在白板上手写业务流程。这种方式可以让业务负责人当场确认内容、补充遗漏、修改不足之处，在短时间内制作出最接近终稿的业务流程图。

根据采访内容当场制作业务流程图（4-4）

使用白板制作业务流程图

一边向业务负责人咨询，一边当场制作业务流程图

4-5 制作业务流程图的要点

在备齐日常使用的工具（单据等）的基础上，对新老员工进行从整体到细节的访谈，这是制作业务流程的关键。

▶▶ 备齐日常使用的工具

在制作业务流程时，比较高效的方式是将需要使用的业务单据、器材、录制的画面等放在手边，向业务负责人询问。特别是单据之类的，不要使用空白的，最好使用实际被用过的。这样可以通过现有的记载，确认负责人是如何判断的，是否清晰。与此同时，还能通过手写的检查记录以及笔记等，询问实际业务中发生了什么。

▶▶ 询问新老员工

建议将具有数十年经验的老员工和刚刚熟悉工作的业务新手召集在一起，进行业务交流。

即便是做同样的工作，老员工和新员工的做法也会有些许

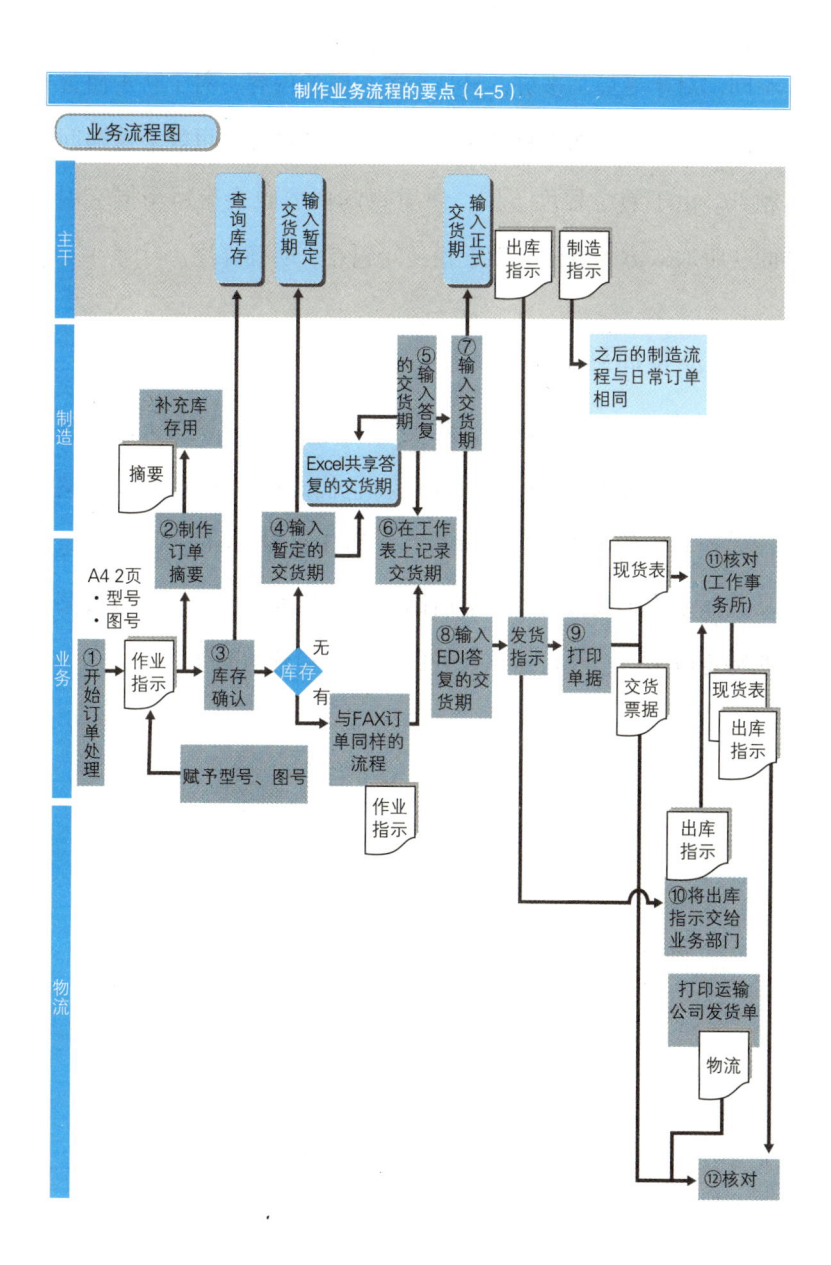

第 4 章 | "Step 1" 现状调查、分析——确定问题点和课题

制作业务流程的要点（4-5）

业务流程图

主干
- 查询库存
- 输入暂定交货期
- 输入正式交货期
- 出库指示
- 制造指示

之后的制造流程与日常订单相同

制造
- 补充库存用
- 摘要
- ②制作订单摘要
- ④输入暂定的交货期
- ⑤输入答复的交货期
- Excel共享答复的交货期
- ⑥在工作表上记录交货期
- ⑦输入交货期
- ⑧输入EDI答复的交货期

业务
- A4 2页
  - 型号
  - 图号
- ①开始订单处理
- 作业指示
- ③库存确认
- 库存：无 / 有
- 赋予型号、图号
- 与FAX订单同样的流程
- 作业指示
- 发货指示
- ⑨打印单据
- 现货表
- 交货票据
- ⑪核对（工作事务所）
- 现货表
- 出库指示

物流
- 出库指示
- ⑩将出库指示交给业务部门
- 打印运输公司发货单
- 物流
- ⑫核对

075

不同。对于老员工来讲，只是小菜一碟的内容，对于新手而言可能非常困难。如果只是向其中一方了解情况，可能会遗漏问题点。由于熟练程度不同，所重视的内容也会有所不同，因此，听取双方的看法有助于找到问题点、明确课题。

▶▶ 从整体到细节

业务流程大致可以分为两大类，一类是为了把握大块业务（例如入库、出库等业务环节）和它们之间的时间关系（整体）而确定的流程，另一类是各个细分业务（细节）。一般是从整体中确定改善对象，然后制订详细流程。但是，在进行某些特定改善时，也可从该业务的详细流程开始制作。

4-6 呈现货物流动情况的物量流程图

通过图表呈现货物在仓库中的流动情况，可以明确瓶颈和货物流动时的浪费等问题。

▶▶ 物量流程图

业务流程图呈现业务流程和各业务间的关系。物量流程图则聚焦于物流中心所处理的"货物的流动"，是呈现货物的物理性移动路径和量的概念图。

物流中心的入库货物（产品或商品）经过仓库的各业务区域，改变包装和保管形态后发货。物量流程图每日或每月呈现出这种变化，可一目了然地把握仓库内的货物移动情况和货物量。因此，物量流程图有助于发现瓶颈（工序或场所）以及货物流动时的浪费等问题，是一个比较好用的工具。

制作时，会用到各工序（场所）的投入量（Input）、处理量（Process）、产出量（Output）的汇总数据。但是，关于叉车和人工的区内搬运等，很多时候不能自动获得数据（没有实际数据），这时则需要人工实测。

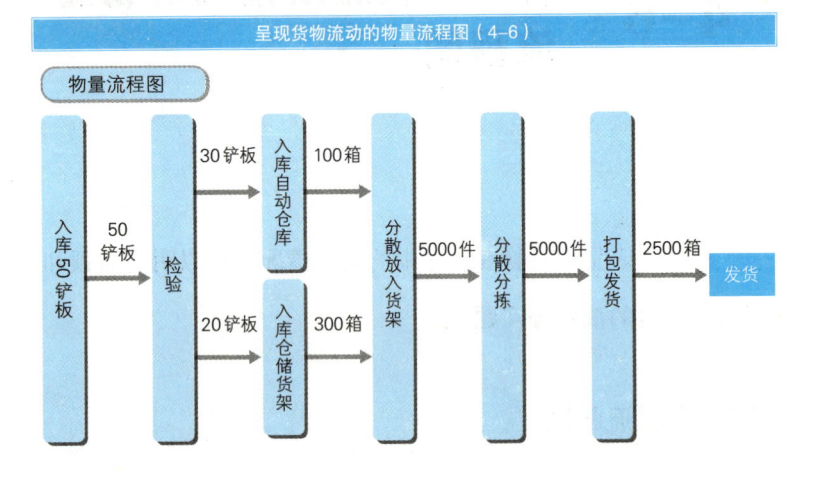

呈现货物流动的物量流程图（4-6）

物量流程图

入库50铲板 → 50铲板 → 检验 → 30铲板 → 入库自动仓库 → 100箱 → 分散放入货架 → 5000件 → 分散分拣 → 5000件 → 打包发货 → 2500箱 → 发货

检验 → 20铲板 → 入库仓储货架 → 300箱 → 分散放入货架

专栏　新技术和物流改善的关系

　　物流改善的方法大致可以分为两种：一种是通过改变运营方式达到效果，另一种是通过添置新系统或搬运装卸设备等达到目的。

　　关于搬运装卸设备的效果，有的改善案例是因为使用了日新月异、不断发展的新技术。但是不大为世人所知的技术往往会招致否定。

　　2011年iPhone4S搭载了Siri（基于语音识别系统的秘书应用程序）。从此，与智能手机对话成为一件普通的事情。

我们也提议将语音识别系统作为一种对策。由于通过语音和机械对话已经普遍化，对技术加以否定的呼声也变少了。

"Pokemon GO"的广泛流行，引发了边走边玩手机的问题，而后，智能眼镜的一种——"Vufine"引起热议，这些都是最近的案例。在不远的将来，一定会提议将其作为提高分拣作业效率的一种方法。

4-7 系统结构图

管理业务时使用的是生产管理和仓库管理等信息系统，在进行业务改善时，有必要正确把握这些系统的关系。

▶▶ 系统结构图

物流业务与制造、销售等密切相关，同样，物流业务管理系统也与生产管理系统、销售管理系统进行密切的数据交换，处理日常业务。系统结构图是呈现各系统（功能）及其关联性（数据协作）的概念图。

▶▶ 业务和信息系统表里一体

现在的业务如果没有信息系统就无法进行。在进行改善时，信息系统占有很大的比重。进行业务改善时，需要在充分理解业务和这些信息系统的关联性的基础上加以推进。

本书主要讨论的物流中心的核心是 WMS（仓库管理系统），负责库存管理，提供作业支援，这是当下的主流。WMS

与其管理的各种搬运装卸设备和自动识别系统进行数据交换，构成物流中心系统。此外，WMS一般还与订单管理系统（OMS）、调配配送管理系统（TMS）等相关联。

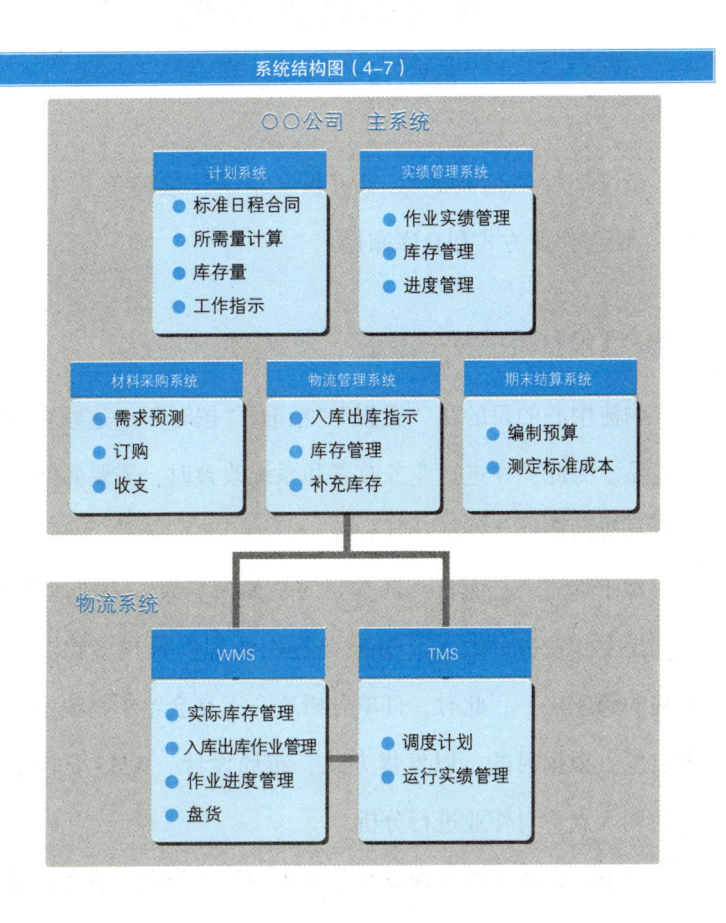

系统结构图（4-7）

○○公司 主系统

计划系统
- 标准日程合同
- 所需量计算
- 库存量
- 工作指示

实绩管理系统
- 作业实绩管理
- 库存管理
- 进度管理

材料采购系统
- 需求预测
- 订购
- 收支

物流管理系统
- 入库出库指示
- 库存管理
- 补充库存

期末结算系统
- 编制预算
- 测定标准成本

物流系统

WMS
- 实际库存管理
- 入库出库作业管理
- 作业进度管理
- 盘货

TMS
- 调度计划
- 运行实绩管理

4-8 订单分析① 根据发货包装探讨作业方式和仓库布局

通过把握"何种包装(铲板、箱子、散装等)发货较多",探讨作业方式和仓库布局。

▶▶ 订单分析

物流中心的目的是"无误""精准""按时"送达顾客订购的商品。为此,在进行业务改善和系统改善时,需要弄清顾客订单具有的属性、特征及其分级。

对于物流中心而言,最重要的是如何高效、快速地发货,特别是发货业务的改善(分散分拣作业等)是很多物流现场面临的课题之一。此时,订单分析这一工具会给予物流中心很多启发。根据目的,以发货方式、布局设计、WMS 要件定义等为切入点,对作业进行分析。

以下,以物流改善现场经常使用的视角为例,概述订单分析的运用方法。

▶▶ 发货包装的不同类别

在物流中心，很少以单一的包装方式（比如仅仅是铲板包装）发货，1个订单（1个客户的订单）多是采取铲板包装和箱子包装或者箱子包装和散装等混合的包装方式。特别是处于供应链下游的中转物流中心，发货的包装方式包括铲板、箱子、散装等。

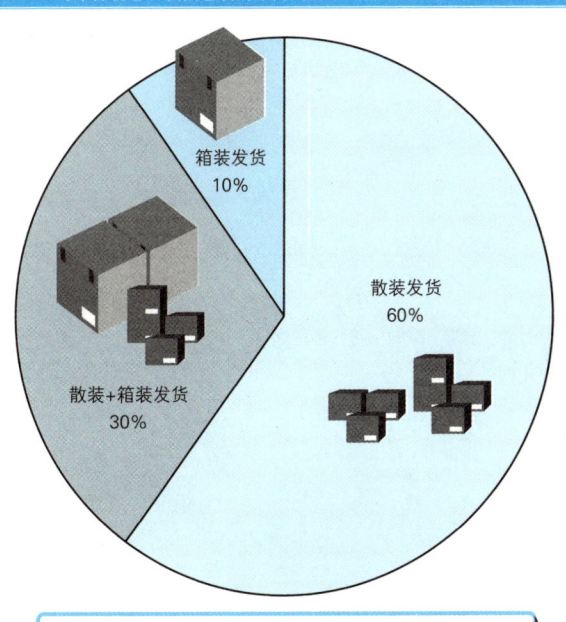

订单分析① 发货包装的不同类别（定量分析）（4-8）

箱装发货 10%

散装+箱装发货 30%

散装发货 60%

通过订单分析，可以找到最合适的仓库布局和作业方式

单日订单由哪些包装方式组合而成？通过将其可视化，将仓库分为箱装发货区域、散装发货区域等，弄清仓库作业以及管理系统 WMS 的必要条件，梳理现状中存在的问题点。

如果订单分析的结果表明，箱装发货的订单占了大半，而散装或者散装加箱装的发货订单只有少数，那么不用专设散装发货区域，可以采用在箱装发货区域同时进行散装发货的方式。

4-9 订单分析② 根据单个订单的行数探讨分拣方式

通过理清"单个订单的各行数中,哪类最多",可以找到最合适的分拣方式。

▶▶ 分析的目的

在选择发货方式时,是"按单分拣(以一个订单为单位进行分拣)",还是"批量分拣(合并数个订单,一同分拣)",或者"播种式分拣"呢?选定一个适合的分拣方式,是最为重要的课题之一。订单分析常常被作为确定分拣作业的问题点,以及提高作业效率、选定最合适的作业方式的工具。

以单个订单的行数为切入点,将单日订单进行分类,分析呈现怎样的行数分布。这样可以选出最适合现场的分拣方式。

▶▶ 根据行数分析选择分拣方式的案例

近来,网络销售发展迅猛,为电商提供服务的物流中心单日需要处理数万份订单的发货。我们对这样的网销行业进行了订单分析，发现很多案例都是单行订单（一个订单一行）占整体的50%，剩下的由2—5行的多行订单构成。在这种状况下，一般会对单行订单和多行订单采取不同的分拣方式。

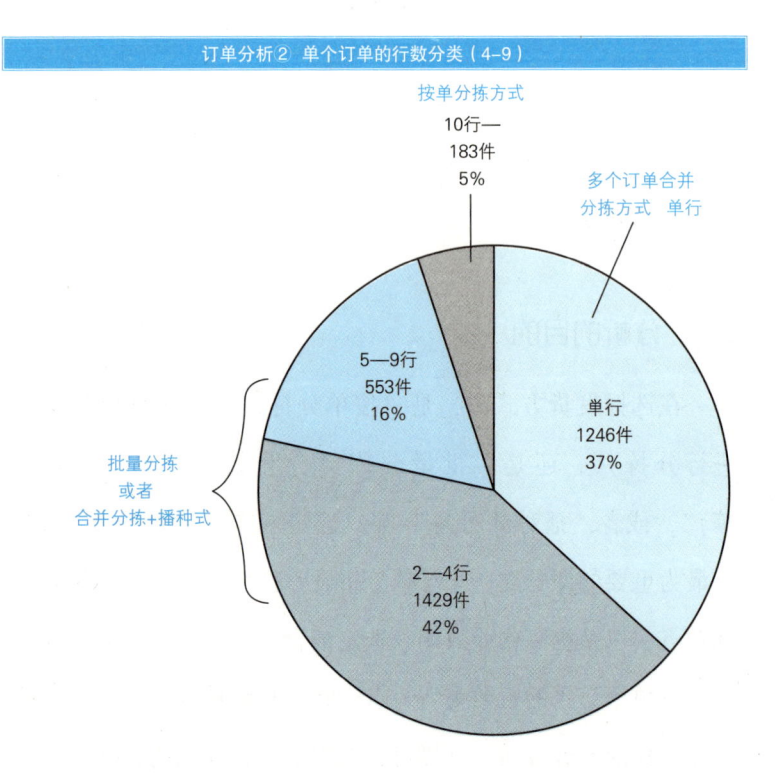

订单分析② 单个订单的行数分类（4-9）

按单分拣方式
10行—
183件
5%

多个订单合并分拣方式 单行

单行
1246件
37%

5—9行
553件
16%

批量分拣
或者
合并分拣+播种式

2—4行
1429件
42%

关于单行订单，一般将多个订单（比如50个订单）合并处理，汇总数量后进行分拣，而后通过扫描商品的条形码进行检验，与此同时，打印发货单，确定发货。关于多行订单，也是汇总多个订单后进行分拣，而后扫描商品的条形码，这时，各订单的分装架的指示灯亮起,然后根据指示器以"播种式"提高分拣作业的效率。

上述内容只是一个例子,确定发货方式后对于搬运装卸设备、IT 器材,则需要根据各个项目的环境条件做出正确选择。

4-10 根据商品 ABC 分析探讨保管方式和区域划分

将各商品按照其发货频率进行分类（ABC 分析），在此基础上探讨合适的保管方式和区域划分。

▶▶ 使区域划分最佳化的商品 ABC 分析

除了"采用合适的分拣方式"，商品的上架（区域划分和保管方式）也是物流改善活动的重要课题之一。对于这一课题，商品 ABC 分析是一个比较好用的工具，会提供很多启发。

物流中心处理着数百种乃至数十万种商品。这些商品并不是都按照统一频率发货的，一般可以分为发货频率较高的商品（A 类商品）和发货频率不高的商品（B、C 类商品）。商品 ABC 分析可以将货品的发货状态明确化。

此外，商品 ABC 分析也被经常用于库存分析，以让库存更加合理化。但是，由于库存管理并不是由物流部门单独完成的业务，所以本书并不涉及。

商品 ABC 分析的方法

商品 ABC 分析的具体顺序是，首先对一定期限（1个月、1年等）内的订单进行数据分析，计算出各商品的发货次数，而后在纵轴上列出发货次数，横轴按照发货频率的高低依次排列，制作成图表（一般被称作排列图或 ABC 曲线等）。

商品ABC分析的方法（定量分析）（4-10）

排列图

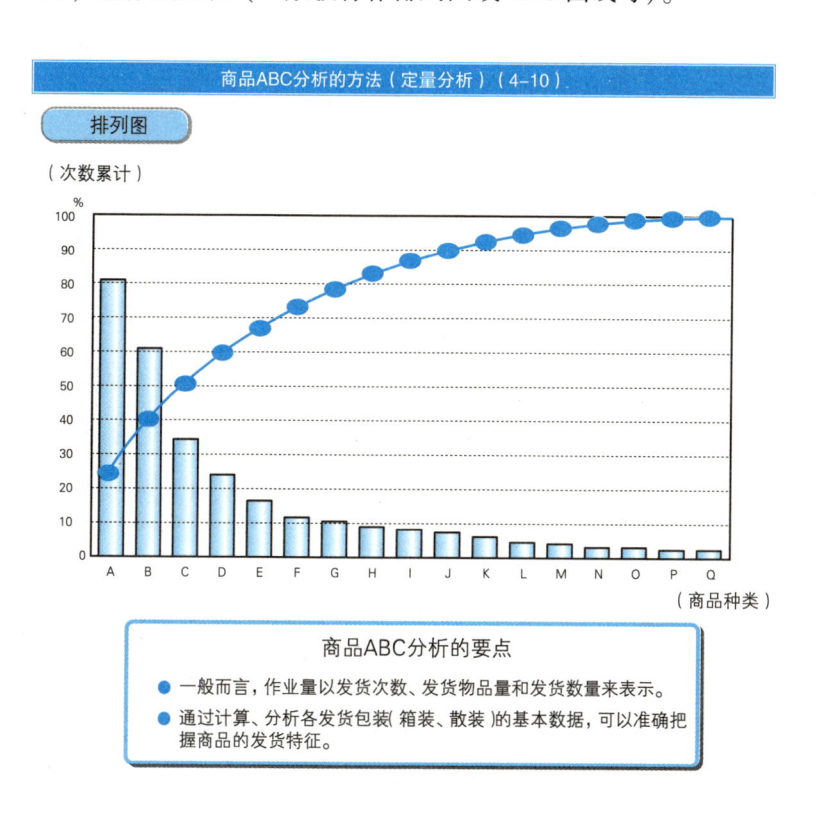

（次数累计）

（商品种类）

商品ABC分析的要点
- 一般而言，作业量以发货次数、发货物品量和发货数量来表示。
- 通过计算、分析各发货包装（箱装、散装）的基本数据，可以准确把握商品的发货特征。

4-11 从商品 ABC 分析中获取的信息

不同的生意类型会在商品 ABC 分析中体现出显著不同的特征。要把握其各自的特征以及现状中存在的问题点，而后选择合适的保管方式和区域划分。

▶▶ 业务商品案例

图 4-11（A）是对经营业务商品的公司进行的商品 ABC 分析图。可以发现，约 20% 的商品（种类）占了总发货次数的 80%。换句话说，约 20% 的商品占了分拣作业量的 80%。这就告诉我们，对于这些 A 类商品和其他的 B、C 类商品，它们的保管区域和方式应该有所不同。

具体的操作方式是，将 A 类商品放在容易出入库的地方，使用倾斜式流动货架（主要用于散装发货）等适合大量发货的保管器材，而 B、C 类商品则放在 A 类商品的周边（外侧），使用能计算单位面积保管数的中型棚。

进行商品区域划分的基本原则是，将发货频率高的商品放在跟前（容易出入库的地方）。

▶▶ 网销案例

图 4-11（B）是网络销售行业（B2C）的商品 ABC 分析图。从曲线倾斜度上可以看出，它和上图有很大的区别，几乎没有能够被称为 A 类的商品。在经营数十万乃至数百万之多商品的电商行业中，有很多类似的案例。这种状况下如果要提高效率，只有以尽可能少的空间存放尽可能多的商品（种类）。

此时，经常使用的是在同一货架上保管多个（数十种）商品，不将商品固定存放于某个位置，即自由式位置管理。与固定式位置管理相比较，单位面积保管的商品数量扩大了数十倍。但是，从存放多个商品的货架上寻找目标商品的作业犹如"寻宝"，大大降低了作业效率。而作为解决"寻宝"问题的策略之一，可以添置能用图像显示分拣商品、为分拣提供便利的系统，这样比较有效。

从商品ABC分析中获取的信息（4-11）

（A）业务商品的商品ABC分析

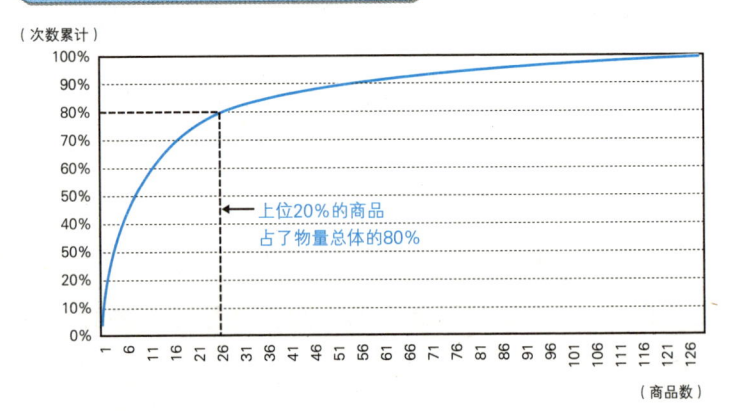

（次数累计）

上位20%的商品占了物量总体的80%

（商品数）

（B）网络销售行业的商品ABC分析

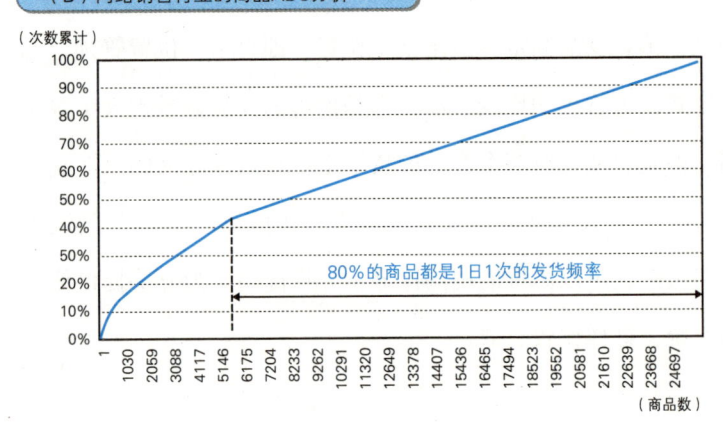

（次数累计）

80%的商品都是1日1次的发货频率

（商品数）

4-12 根据工作取样分析确定改善对象（定量分析）

工作取样分析能细致分析作业的构成要素，是有效推进业务改善的工具。

▶▶ 物流现场的实态

物流中心人工严重不足，今后将会进一步推广搬运装卸设备、机器人等的机械化。但是除了一部分大型物流中心以外，大部分物流现场的主角依然是"人"。特别是供应链下游的中转物流现场，需要很多人工处理少量散装发货，提高这部分人工作业效率是改善活动的主要课题之一。

▶▶ 精确分析作业，推进改善

在物流现场常常会听到"入库检查很烦琐！""散装发货太费人工！"之类的呼声，大部分人能大概指出人工作业的问题点所在，几乎很少听到"不知道问题出在哪儿"的反馈。那么，为什么提高效率的改善活动未能有效推进呢？

根据工作取样分析确定改善对象（定量分析）（4-12）

只是观察的话很难确定改善对象

问题出在哪儿？

散装分拣作业

箱装补充作业

入库作业

物流中心的作业有很多，单单观察很难找到问题点。

原因在于改善时未能精确把握对象及其大小。入库作业、出库作业等，一言概之，这些都是由多项作业构成的整体，如果不能把握构成整体的各项细分作业及其大小，就不知道该从哪儿入手，也无法估计采取措施时有何种程度的积极反馈，因此改善活动止步不前。

此时，工作取样分析将发挥很大的作用。

4-13 工作取样分析的实际内容

将入库、出库等整体作业细分成各要素并呈现出来,有助于确定改善的重点。

▶▶ 将作业细分成各要素

工作取样分析首先要将入库、出库、分类等整体作业细分成各要素。

①搬运和移动;

②分类;

③分类准备;

④清单确认;

⑤填写清单;

⑥确认商品;

⑦其他。

如上所述,我们可以明白分类作业也是由多项细分作业构成的。

然后,根据各细分作业在实际作业中出现的次数,计算其在整体中所占的比例,如图4-13(A)所示。从这张图上可以清晰判断哪项细分作业的量比较大。这即是改善活动的对象。

图4-13(B)是实行改善措施时的效果图。通过实施改善措施,哪项作业取得了怎样的效果,一目了然。这给予我们很大启示,有助于我们判断是否要实施这项措施。

工作取样分析的实际内容（4-13）

（A）分类作业的取样分析

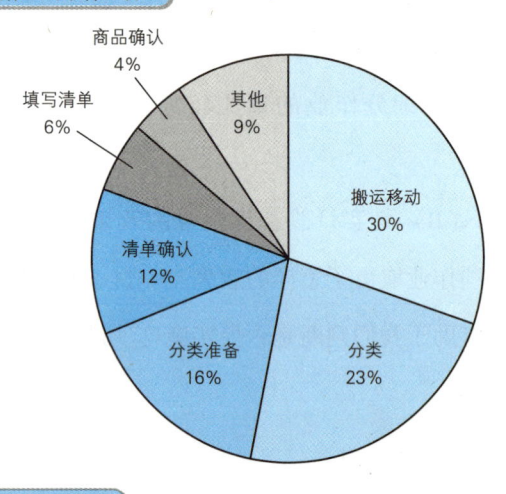

- 搬运移动 30%
- 分类 23%
- 分类准备 16%
- 清单确认 12%
- 填写清单 6%
- 商品确认 4%
- 其他 9%

（B）明确潜在改善点

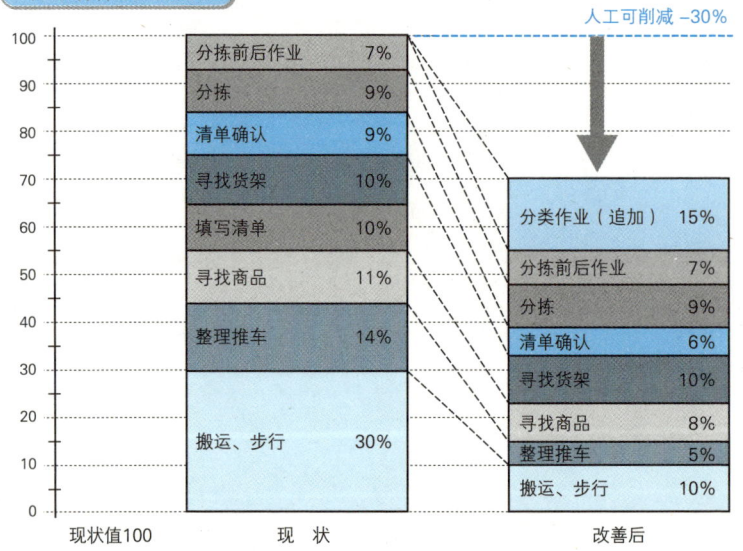

现状：
- 分拣前后作业 7%
- 分拣 9%
- 清单确认 9%
- 寻找货架 10%
- 填写清单 10%
- 寻找商品 11%
- 整理推车 14%
- 搬运、步行 30%

现状值100

改善后（人工可削减 −30%）：
- 分类作业（追加） 15%
- 分拣前后作业 7%
- 分拣 9%
- 清单确认 6%
- 寻找货架 10%
- 寻找商品 8%
- 整理推车 5%
- 搬运、步行 10%

4-14 通过具体访谈了解问题所在

"多了""少了""一直"等回答，是无法清晰呈现现状的。访谈要尽可能具体、定量，这一点很重要。

▶▶ 这种状况有几次？

在改善活动中，除非项目组成员就是改善对象的业务当事人，否则都需要对相关人员进行访谈，以定性和定量分析结果为依据，明确问题点。

但是，如果唐突地问业务负责人"问题点是什么"，恐怕其难以回答，而且访谈也很难继续。因此，在制作业务流程图时，应逐一询问业务的流程、内容、投入、产出，把握问题点。

传真订单中，有没有客户填写错误、填写疏漏等状况？

填写疏漏，一日有几次？

有没有打电话再次确认？

这种状况一日有几次？

如上面所示抛砖引玉，提出问题，确认问题，并把访谈的内容与业务流程同时写在白板上。

为了找到眼前某项业务流程中的问题点，这种方式易于询问方和回答方展开交流，也能使问题较多的关键点以及前后关系一目了然，访谈也能比较顺利。在改善活动的初期阶段，这种方法能有效地大致把握现状中存在的问题点。

▶▶ 不要暧昧

此外，通过以上的访谈方式找出问题点的关键是，要让访谈内容及回答一目了然、清晰明确。

"多了，少了"
"经常，偶尔"
"以前，最近"

以上表达经常在会话中使用，对于一听而过并无大碍，但是如果要挖掘某个问题及其要因，则应避免，因为这样的回答不够明确。如果不正确把握问题的大小、程度、发生频率、时间变化等，就会导致对策出错，对于原本无须采取措施的作业，花时间调查和研讨，这样有可能会造成错误和时间的浪费。

第4章 | "Step 1" 现状调查、分析——确定问题点和课题

通过具体访谈了解问题所在（4-14）

具体的采访案例

	暧昧表达	访谈时具体询问（询问案例）
量、数大	很多、有点、多了、少了	退货多→每月100件的退货
大小	大、小	大型折叠箱→70L折叠箱
长短	长、短	分拣动线长→分拣动线150m
速度	快、慢	分类作业熟练的员工 →每小时进行120次分类作业的员工
时间	以前、最近、近日	最近添置了自动分类系统 →3个月前添置自动分类系统
频率	一直、偶尔、有时	经常发生发货错误 →1日发生1次发货错误
变化	很快、渐渐、增加、减少	货物量急速增加 →从1个月前开始，增加了20%的货物量

4-15 通过体系化明确问题点和课题（改善课题）

现场的问题往往是由多个因素交织而成的，将这些因素体系化就能明确问题发生的机制。

▶▶ 目标和现状的差距

在物流改善活动的启动时点（Step 0），设定目的和目标。问题在于设定的目标（例如提高仓库工作效率20%、缩短订货至发货时间30%）与现状业务实际能力之间的"差距"。因此，正确把握这个"差距"，采取消除这种"差距"的措施，目标就可达成，改善活动就能成功。

用文字表述是很简单的，但在实际的工作现场，这个"差距"（问题）由多个因素交织而成，非常复杂。要彻底理清现状，对这些问题的原因进行深度探讨，梳理其关联性，从而确定应该解决的课题。

实际上，可以通过对相关人员的采访，以及定性和定量分析的解读，将问题点写在一览表上。然后，以项目组成员为中心，整理问题发生的主要原因，梳理因果关系，而后找到根本原因，设定课题（改善课题），加以解决。

▶▶ 问题的体系化和改善课题的设定（树状图）

关于"发货延迟"问题，为了深入挖掘原因并将其可视化，我们用树状图 4-16 分析原因。这样一来，不仅是项目组成员，其他相关人员也能更容易理解问题的结构，有助于达成共识，解决问题。

制作树状图时，为了深入挖掘问题，找到根本原因，需要反复问"为什么"，从左往右按照"问题点"→"原因"的顺序进行描述记录。这样就能找出最右边的根本原因，明确解决问题的方向（课题）。

▶▶ 建立体系时的注意点

❶无遗漏地找出原因

梳理问题产生的原因时若有疏漏，就不可能采取相应的措施，更不可能解决问题（达成目标）。

❷问题点和原因的关联性要正确

对于树状图最右侧的根本原因，需要采取相应的措施，从而解决最左侧的问题。但是，如果"问题点"→"原因"的

通过体系化明确问题点和课题（4-15）

将问题点汇总在一览表中

序号	业务类别	分　类	问题点、课题	起草者
1	物流	分拣	填写安全卡片比较费时	○○○
2	物流	附带作业	产品标签有的存放在仓库，有的需要通过电脑打印，没有统一	○○○
3	物流	附带作业	通过电脑打印产品标签时，需要操作电脑→设定标签→张贴标签，比较费时	○○○
4	物流	附带作业	打印产品标签的地方和作业场所距离远	○○○
5	物流	附带作业	工作台高度不够（弯腰作业，非常辛苦）	○○○
6	物流	分拣	剪切出库单，比较费时	○○○
7	物流	打包	出库单、制造指示书、产品都备齐后发货，核对比较费时	○○○
8	物流	打包	出库单、制造指示书、产品都备齐后发货，目检比较费时	○○○
9	物流	打包	打包、捆扎后的返工很麻烦（开捆、追加、再打包、包上捆扎胶带、捆扎带）→确定出货前不封死	○○○
10	物流	打包	寻找返工箱比较费时	○○○
11	物流	打包	确定发货前的临时保管场所的操作性差	○○○
12	物流	打包	包装工作区~按方向分类为止的动线，以及已打包箱子的存放管理有待改善	○○○
13	物流	分拣	分拣时清点余数比较费时	○○○
14	物流	入库	安全卡片上没有货架编号，上架保存比较费时	○○○
15	物流	打包	90%都是轻量物品，不需要绑带	○○○
16	物流	发货	瓦楞纸箱上手写发货地，比较费时	○○○
17	物流	发货	同上 发货物品的产品标签制作、管理，很费时→可否按需印刷	○○○
18	物流	发货	在本子上填写最终个数比较费时	○○○
19	物流	发货	分拣时使用的出库单和未入库情况一览表目测核对，比较费时	○○○
20	物流	发货	出库单丢失时，用手写票据代替的方式，会让客户对品质产生担忧	○○○

关系有误，那么采取的措施不可能对左侧的问题有效，也不可能最终解决问题。

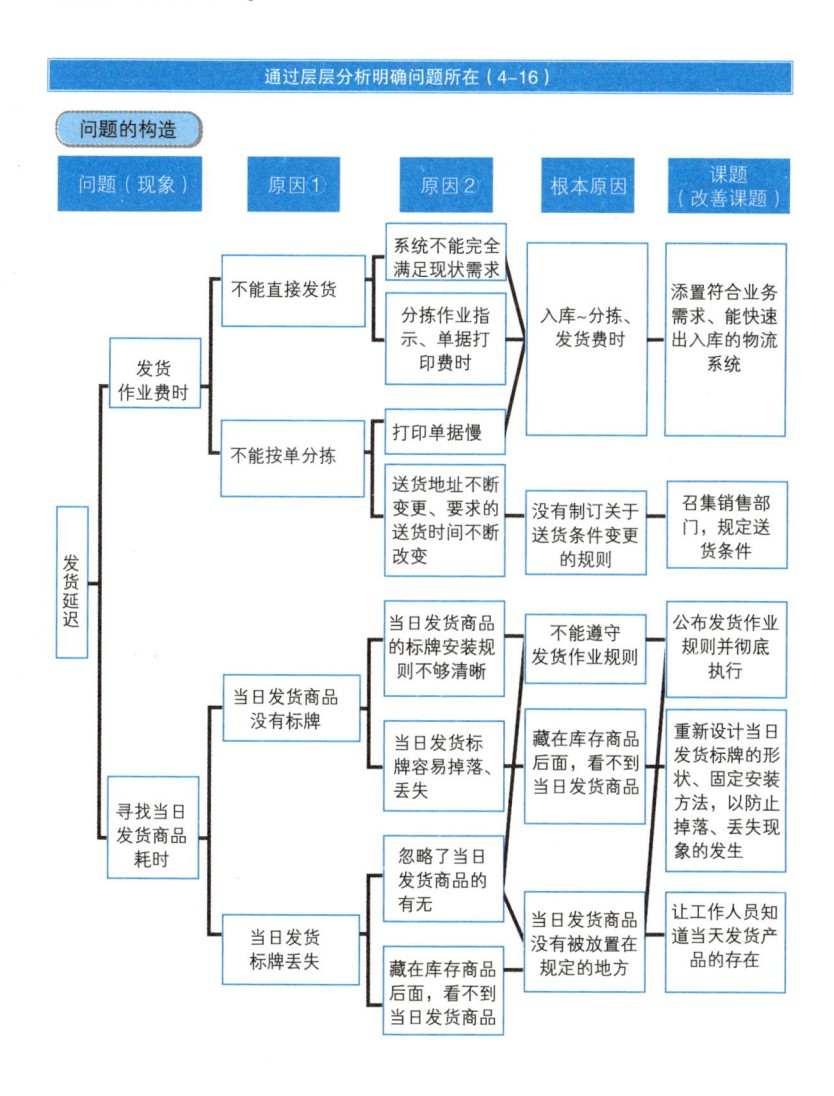

通过层层分析明确问题所在（4-16）

问题的构造

问题（现象）	原因1	原因2	根本原因	课题（改善课题）

发货延迟
- 发货作业费时
  - 不能直接发货
    - 系统不能完全满足现状需求
    - 分拣作业指示、单据打印费时
  - 不能按单分拣
    - 打印单据慢
    - 送货地址不断变更、要求的送货时间不断改变

  根本原因：入库~分拣、发货费时 → 课题：添置符合业务需求、能快速出入库的物流系统

  根本原因：没有制订关于送货条件变更的规则 → 课题：召集销售部门，规定送货条件

- 寻找当日发货商品耗时
  - 当日发货商品没有标牌
    - 当日发货商品的标牌安装规则不够清晰
    - 当日发货标牌容易掉落、丢失
  - 当日发货标牌丢失
    - 忽略了当日发货商品的有无
    - 藏在库存商品后面，看不到当日发货商品

  根本原因：不能遵守发货作业规则 → 课题：公布发货作业规则并彻底执行

  根本原因：藏在库存商品后面，看不到当日发货商品 → 课题：重新设计当日发货标牌的形状、固定安装方法，以防止掉落、丢失现象的发生

  根本原因：当日发货商品没有被放置在规定的地方 → 课题：让工作人员知道当天发货产品的存在

项目组负责人应时刻关注有无上述①、②情况的发生，分析问题，设定改善课题。

通过上述方法已经明确的课题的解决方法，将在 Step 2（第五章）解说。

专栏 "作业标准化"的真相

每次就改善的基本——"作业标准化"召开研讨会时，我们都会惊讶地发现关于这个基本又简单的词语的定义，各负责人、各公司的理解出乎意料地不同。

有个 3PL 企业认为"作业标准化就是所有发货人都能采纳的作业方式"。其他的 3PL 企业则认为"物流中心的任何员工都以同样的顺序和方法进行作业"或者"全国的物流中心都使用同一物流系统"，等等。那么，正确答案是哪个呢？

现在，由于所处环境不同，答案也有所不同。所以，或许可以说"没有标准答案"才是"正确答案"。

站在管理者的立场，作业方法相同、系统相同的话，容易统一管理。

但是另一方面，为了达到改善目的，需要贯彻现场主义，考虑最适合现场的做法，以及发货方、物流中心构造等个别要素，选择最适合的做法和系统，这才是大家所期待的。从这个意义来讲，标准化会起到否定个体差异性的副作用，有时还会阻碍效率的提高。

那么，是否可以将"标准化"定义为"适用于管理者的好方法"呢？有时需要反思。

第 5 章

"Step 2" 思考并确定对策

"对策"是指为实现物流中心的改善而采取的具体手段。希望大家能在看清未来环境变化的基础上，找出最有效的对策。

本章将说明改善活动的推进方法，包括确定对策（可执行的具体对策）、评估对策和安排对策的优先执行顺序。

5-1　Step 2 确定对策的方法

首先说明 Step 2 确定对策时的注意点，以及具体的实施方法。在这项活动中，需要成员多方探讨，确定最为有效的对策。

▶▶ 关于 Step 2 活动

在 Step 0 阶段，我们设定了目的和目标。然后，在 Step 1 阶段，根据对现状展开的调查，明确了具体的问题所在，弄清了根本原因以及要解决的课题。接下来，在 Step 2 阶段，项目组成员和实际业务负责人展开头脑风暴，确定改善活动的关键——对策。

虽然改善活动的规模也会产生一定的影响，但如果是普通的物流中心，其业务改善涉及的问题点和主要原因基本是明确的。然而，从中确定解决这些问题的对策并不容易。所以，在确立具体的对策的过程中，重要的是在充分考虑改善潜能、添置系统和设备的成本、准备时间、负责对策实施的成员所担负的责任等各种条件的基础上，设定评价标准以及优先实施顺序。

Step 2 按照如下顺序进行。

①头脑风暴的定义；

②头脑风暴前应完成的工作；

③头脑风暴的准备；

④头脑风暴成功的着眼点1；

⑤头脑风暴成功的着眼点2；

⑥头脑风暴规则；

⑦头脑风暴的进行；

⑧对策的整理；

⑨对策的首次评价；

⑩对策的二次评价以及确定。

专栏 关于学习物流基础的方法

大家想要开始学习物流基础知识时，一般都采用什么样的方法呢？个别用语等可以通过网络检索，关于物流基础的书也出版了很多。我在一开始读了很多通俗易懂的书。

哪本书浅显易懂可能见仁见智。细致比较每本书的内容也确实很难。比较简单的方法是阅读并比较几本同一系列，但作者不同的书，读完一本后再读另外一本会加深理解。

难点在于自己不清楚"是否准确理解了？"，在读了几本书、加深理解后，参加能客观检测自己知识水平的考试，这一点也很重要。考试合格后会增加自信。大家不妨挑战一下。

5-2 关于头脑风暴

项目组成员以及公司内部利益相关者探讨对策时，比较有效的是通过头脑风暴提出策略。

▶▶ 头脑风暴的定义

所谓头脑风暴是指集体讨论，提出观点。通过多方意见交换、转换思路，可以提出不受既有条件束缚的新的看法。

原则上要求参加者全员提出意见，一边讨论一边推进。因此，我认为少数人参加容易提出意见，而不是很多人（图 5-1）。

▶▶ 头脑风暴的有效性

从 Step 1 阶段确定的课题中，开始思考并确定对策，实施物流中心的改善。

但是，若只是茫然地组织项目组成员探讨对策，是不可能思考出有效对策的。这是因为成员擅长的领域各不相同，背

头脑风暴图像（5-1）

- 阻碍定时发货的主要原因是什么？
- 打印单据比较耗时，必须改进
- 是不是打包得太仔细了？
- 一体式单据比较好
- 哦，还捆扎了重量较轻的商品？是不是不需要呢？
- 改进发货单

景、利害关系也各不相同。例如，如果是来自信息系统部门的成员，那么他们很可能不了解细化的物流业务及其规则，因此，或许会倾向于通过系统化解决问题。而如果是来自仓库管理部门的成员，那么他们或许只会提出改变规则的方案，如变更现行业务前后工序。

项目负责人站在物流改善原点——QCD 的立场，为了有效且恰当地收集大大小小的策略，需要召集项目组成员以外的相关人员参加头脑风暴，这样比较有效。

▶▶ 头脑风暴可以培养项目组的集体感

让对改善活动不太积极的负责人参与对策研讨会,培养项目组的集体感,这一点非常重要。

通过头脑风暴提出方案,而后确立对策、付诸实施,这样的话,物流中心的利益相关者都有了主体性,从准备阶段、实践阶段到评价阶段都会积极配合。

5-3 头脑风暴前应完成的工作

开始头脑风暴前应先选定会议上要讨论的主题。而且需要确认该主题与项目成立之初的目标和目的是否一致，是否能够提出有效对策。

▶▶ 提出头脑风暴讨论的主题、选定参加人员

头脑风暴的主题是 Step 1 阶段明确的、应解决的课题。在头脑风暴会议上讨论这个主题。为了能够提出有效对策，不仅是项目组成员，负责人、现场员工等也应参与。

▶▶ 活动目标的一致性确认

头脑风暴前最需要注意的是确认改善活动本来的目的、目标与头脑风暴的主题（课题）是否一致。如果出现偏差，那么之前的要因分析工作也会白费。而且，之后的工作也没有了意义。这一点需要引起重视（图 5-2）。

此外，在 Step 2 阶段，项目负责人需要经常关注头脑风暴

活动的结果以及对策的汇总工作,注意不要将对策本身(手段)作为目的。

目的、目标与对策不一致的案例如下。

❶问题点与其要因、课题不一致的案例(图5-3)

目的、目标:提高物流中心的发货准确率

问题点:错误发货

要因:现场员工不熟悉作业流程、练习不足、缺乏商品知识、工作时闲聊现象严重、对工作缺乏责任感

课题及对策:加强员工教育

在这个物流中心,作为加强员工教育的对策,对所有的现场员工进行了标准作业的培训、关于商品特性也进行了再度普及。此外,为新员工编制了操作手册,制定了在实际现场作业前必须接受培训的规则。明令禁止员工聊天,让他们专心工作。

但是,实施后错误发货的次数几乎没有减少。在这个案例中,乍一看问题和原因、课题是一致的,那么,到底哪儿出错了呢?

再次调查后发现了如下问题。

①操作错误多发生在分拣特定商品时;

②特定商品的编号和形状类似;

③存储位置也相邻。

活动目标的一致性确认（5-2）

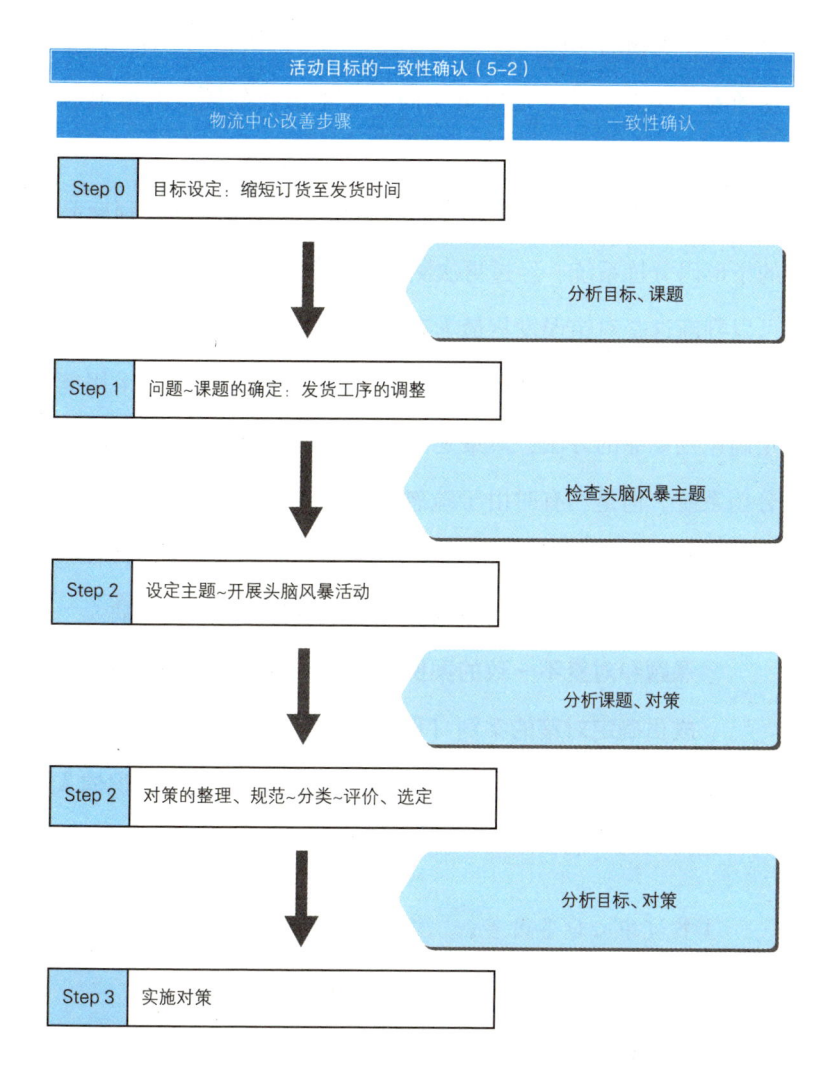

物流中心改善步骤	一致性确认
Step 0　目标设定：缩短订货至发货时间	
↓	分析目标、课题
Step 1　问题~课题的确定：发货工序的调整	
↓	检查头脑风暴主题
Step 2　设定主题~开展头脑风暴活动	
↓	分析课题、对策
Step 2　对策的整理、规范~分类~评价、选定	
↓	分析目标、对策
Step 3　实施对策	

上述结果表明：特定的类似商品中，如果存储位置也相邻，那么容易发生误操作。此外由于是依靠目测进行的分拣作

业，所以现场的老员工会主动对新员工进行认真的 OJT 培训。现场的"聊天"其实是新员工向老员工请教问题，但被项目组误解为闲聊。

因此，为容易引起错误操作的商品配置了能自动识别商品的条形码分拣系统，经过再次测试，发现分拣错误为零，由此可以判断这是对错误发货最为有效的措施。

真正的原因是类似商品的分拣错误，课题是探讨并采用能正确识别商品的方法，对策是添置自动识别系统，构筑精准的分拣系统。但是，有时由于疏忽了倾听现场的意见以及调查，根据项目组成员的臆想决定课题，从而犯下意想不到的错误。为此，对于问题点的正确原因梳理和课题确立都必不可缺。

❷ 课题和对策不一致的案例：没有正确理解目的的项目组成员确定对策的案例（图 5-4）

从分析进入对策环节后，有时需要如下具有专业知识的人员，这时我们可能会增加一些特定领域的专业人员。

①物流中心设备改善；

②构建 WMS、TMS 等大规模的物流信息系统；

③添置终端系统，改进现场作业；

④单据、标签的设计变更或重新设计。

假定新增加人员的专业是设备或系统，对改善对象的业务

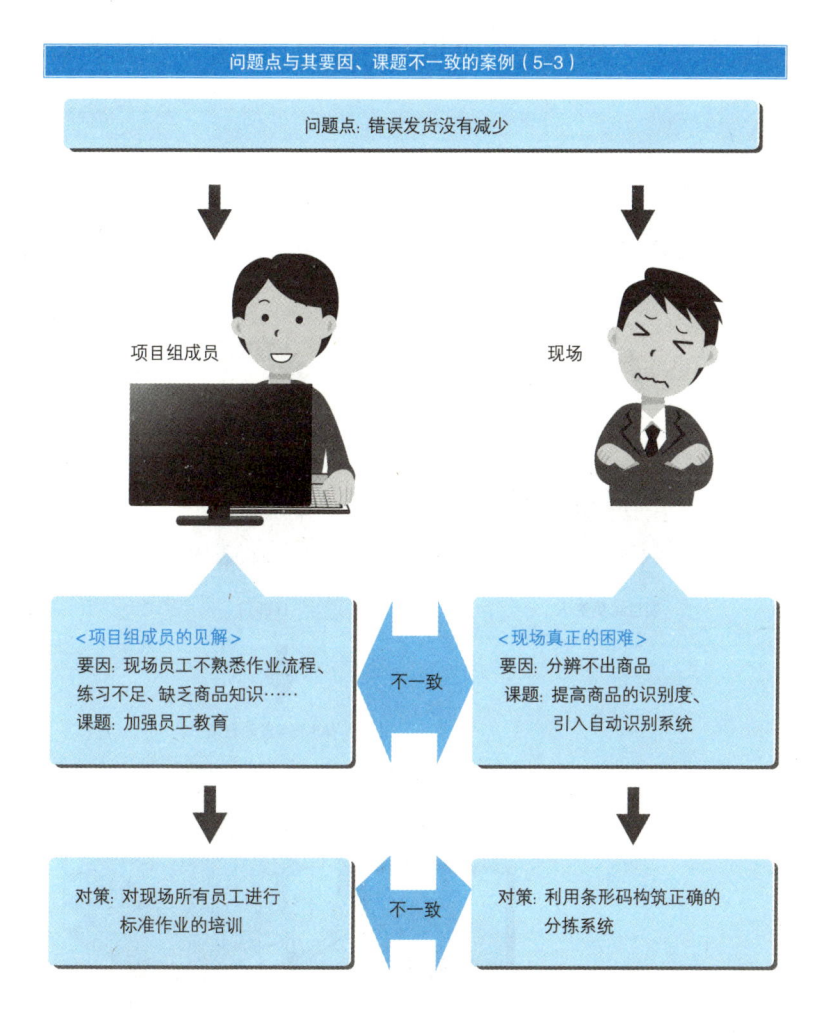

问题点与其要因、课题不一致的案例（5-3）

问题点: 错误发货没有减少

项目组成员

<项目组成员的见解>
要因: 现场员工不熟悉作业流程、练习不足、缺乏商品知识……
课题: 加强员工教育

现场

<现场真正的困难>
要因: 分辨不出商品
课题: 提高商品的识别度、引入自动识别系统

不一致

对策: 对现场所有员工进行标准作业的培训

不一致

对策: 利用条形码构筑正确的分拣系统

整体状况并不了解，此时，需要充分共享问题点、原因、课题等信息，从而确保制订的对策没有偏差。

在忽略信息共享的状况下，新增加人员制订的有关添置设

备和系统的方案，不一定能解决课题，这一点需要引起注意。

目的目标、课题和对策不一致的案例（5-4）

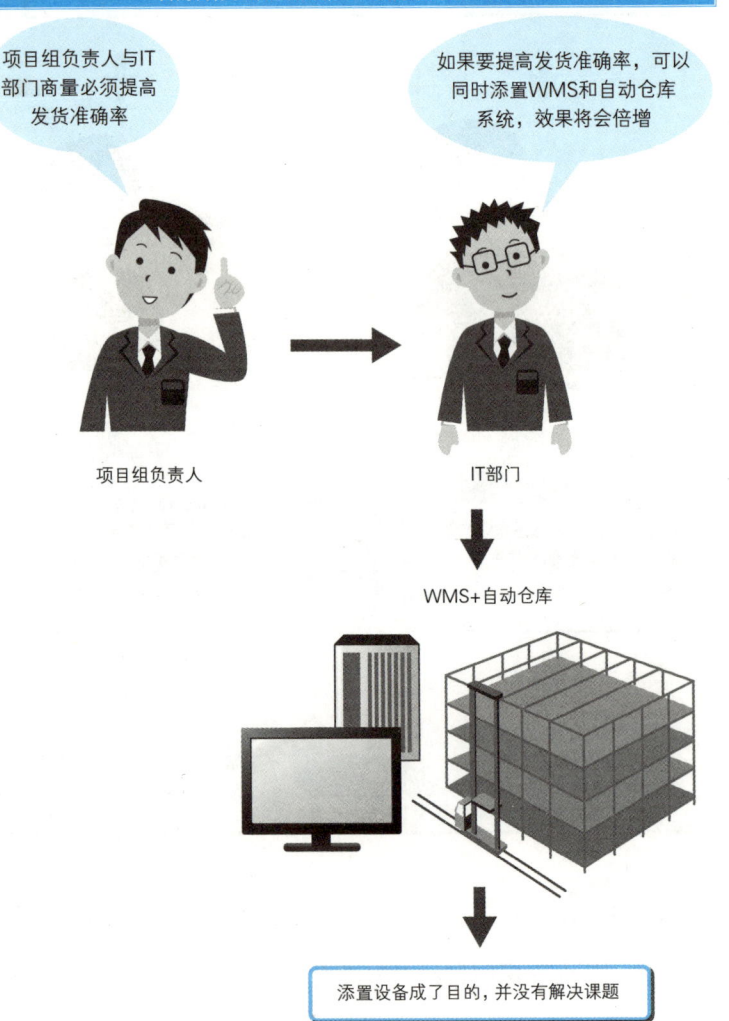

项目组负责人与IT部门商量必须提高发货准确率

如果要提高发货准确率，可以同时添置WMS和自动仓库系统，效果将会倍增

项目组负责人 → IT部门

↓

WMS+自动仓库

↓

添置设备成了目的，并没有解决课题

5-4 头脑风暴的准备

为了实施有效的头脑风暴，准备工作也很重要。事前不仅要安排好会议室、备齐所需的工具，还要安排好时间。

▶▶ 召开场所

在项目组的专用办公室或者公司的会议室举行头脑风暴时，有时也会因为其他事而被迫中途离开。因此，在与单位不同的环境中进行，比如在外面的租赁会议室，或者在培训中心，这样可以帮助我们集中精力进行头脑风暴。特别是现场作业负责人，可以完全从日常工作中解放出来，针对日常感受到的问题点，有望提出建设性的好方案。

▶▶ 时间安排

会议内容量不同，时间安排也会不同。但是应尽可能安排在半日——一日之内，注意确保有完整的时间。另外，有时所有讨论并不能全部完成，所以事先应安排好备用时间。

此外，应优先安排讨论需要征得非项目组成员同意或意见的课题，以及预测改善效果比较好的课题。

在进行头脑风暴时，也要注意每两小时左右安排休息时间，让大脑恢复活力，以获得创造性的方案。这一点也很重要。

▶▶ 工具

尽管最终需要的只是成员大脑中的想法，但是记录工具也是必须准备的。比如记录意见用的白板、模造纸、拍摄白板的摄像机（智能手机）、记录笔记用的便笺、复印用的白纸等。此外，头脑风暴是与时间的"战争"。如果有计算机和投影仪，可以当场确认意见，达成共识后进行汇总。

这些准备工作需要在会议召开的前一天之前完成。特别是在公司之外的会场召开时，需要确认房间的大小、桌子的形状、办公用品是否充足等。

5-5 头脑风暴成功的着眼点①

为了能通过头脑风暴总结出有效对策，参加的成员必须关注的着眼点是 NHK（N：取消，H：减少，K：改变）。应该一边思考 NHK 一边进行头脑风暴。

▶▶ **NHK（N：取消，H：减少，K：改变）的定义**

NHK 是日文"N：無くす（取消）""H：減らす（减少）""K：変える（改变）"的首字母，如图 5-8 所示，经常以 NHK 的视角进行挑战，就能高效思考对策。

❶ "N：無くす（取消）"

业务本身能不能取消或中止？

探讨现在的入库至出库过程中的物流作业和流程的全部或一部分是否能取消（图 5-5）。

❷ "H：减少"

能否减少业务的处理次数、处理量？

即探讨能否减少现在的物流作业、流程的次数和时间

（图5-6）。

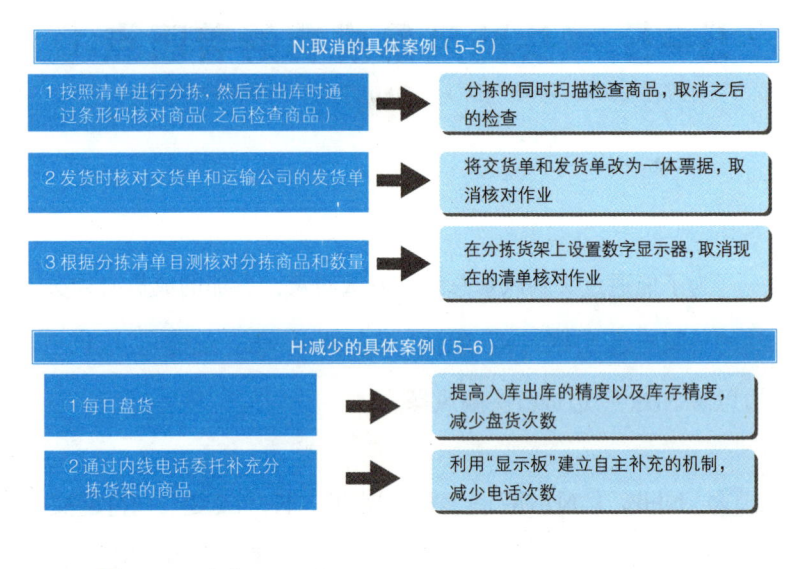

N:取消的具体案例（5-5）	
1 按照清单进行分拣，然后在出库时通过条形码核对商品（之后检查商品）	→ 分拣的同时扫描检查商品，取消之后的检查
2 发货时核对交货单和运输公司的发货单	→ 将交货单和发货单改为一体票据，取消核对作业
3 根据分拣清单目测核对分拣商品和数量	→ 在分拣货架上设置数字显示器，取消现在的清单核对作业

H:减少的具体案例（5-6）	
1 每日盘货	→ 提高入库出库的精度以及库存精度，减少盘货次数
2 通过内线电话委托补充分拣货架的商品	→ 利用"显示板"建立自主补充的机制，减少电话次数

❸ "K：改变"

能否改变业务本身？

也即探讨能否改变现在的物流作业、流程的顺序（图5-7）。

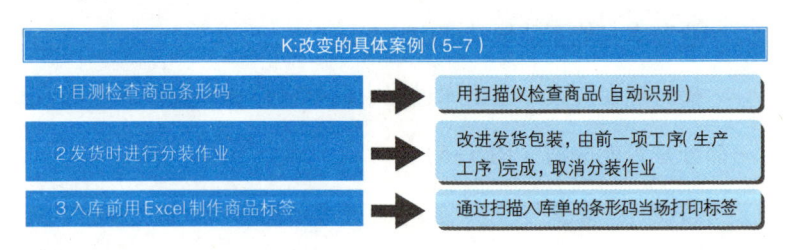

K:改变的具体案例（5-7）	
1 目测检查商品条形码	→ 用扫描仪检查商品（自动识别）
2 发货时进行分装作业	→ 改进发货包装，由前一项工序（生产工序）完成，取消分装作业
3 入库前用Excel制作商品标签	→ 通过扫描入库单的条形码当场打印标签

第5章 | "Step 2" 思考并确定对策

N:取消、H:减少、K:改变 结构图（5-8）

通过取消作业流程实现改善

● N:取消

现行作业：事前处理 → 确认清单 → 移动（步行）→ 确认清单 → 分拣商品、储存 → 检查清单 → 分拣结束 Yes → 移动（步行）→ 后处理

改善作业：事前处理 → [取消 取消清单确认] → 移动（步行）→ [取消 取消清单确认] → 取消检查清单 分拣商品、储存 → [取消 分拣结束] → 分拣结束 Yes → 移动（步行）→ 后处理

通过减少步行距离实现改善

● H:减少

现行作业 / 改善作业

步行动线
分拣货架

通过改变分拣方法实现改善

● K:改变

现行作业：按清单分拣 — 分拣清单（货架、编号、数量、核对）

改善作业：扫码分拣

127

5-6 头脑风暴成功的着眼点②

通过参考其他公司的改善案例，使创造对策的活动更加丰富。不仅是参考物流杂志、设备供应商的物流案例，还可以通过参考制造业的优秀生产方式、尖端技术，期待更大的改善效果。

▶▶ 参考其他案例的目的

在思考对策时，除了上一节提到的 NHK，还可以参考类似的改善案例。通过参考这些案例，能够缩短确定对策的时间，学习项目组成员没有的想法（图 5-9）。

▶▶ 物流改善案例鱼龙混杂

一般而言，专业杂志等刊登的多是物流中心的成功改善案例，大部分是系统供应商和设备供应商经历过的最有效的案例。失败案例是不会公布的。当参考这些案例时，需要从"对本公司的改善有效吗"的视角进行验证。

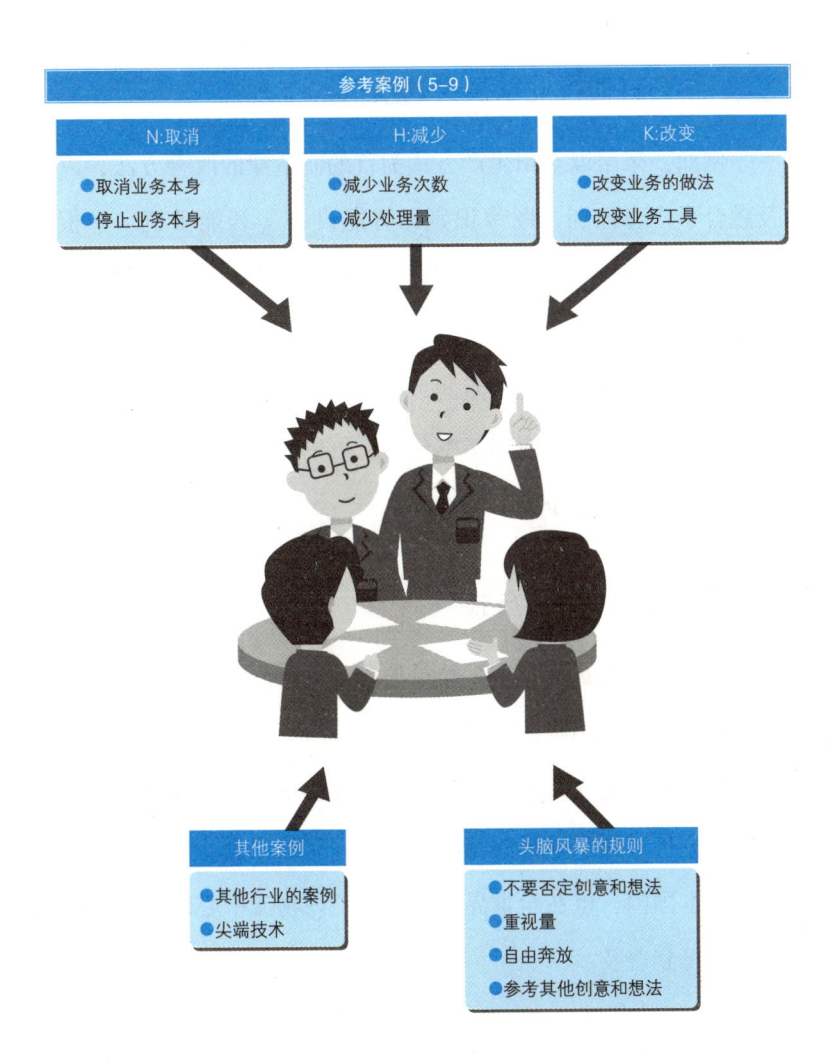

第 5 章 | "Step 2" 思考并确定对策

参考案例(5-9)

N:取消
- 取消业务本身
- 停止业务本身

H:减少
- 减少业务次数
- 减少处理量

K:改变
- 改变业务的做法
- 改变业务工具

其他案例
- 其他行业的案例
- 尖端技术

头脑风暴的规则
- 不要否定创意和想法
- 重视量
- 自由奔放
- 参考其他创意和想法

▶▶ 学习其他行业以及尖端技术

例如，采用以丰田生产方式为首的制造业的改善方法，以及融合了声音识别、图像识别、智能设备（智能手机、平板电脑）、无线技术、感应技术等被称为"IOT"的最尖端技术，有可能带来巨大的改善效果。将传统物流业的常识作为标杆，是很难和竞争对手拉开差距的。将世界的标杆案例、日新月异发展变化的尖端技术应用于本公司，可以获得与其他公司拉开差距的生产力和竞争力。

▶▶ 模仿丰田生产方式

丰田生产方式通过建立简单的机制进行改善，接下来介绍一下其显示板应用案例（图5-10）。

显示板是指安装在保管箱上的一种实物单据。这是一种对生产或分拣过程中消耗的商品量进行补充的工具。这种方式不仅在日本国内，也在全世界制造业的厂内物流中心以及采购物流中心得到普及。

▶▶ 显示板应用案例学习

❶Before：现在的运行状况

我们假定从存货区域（储存区域）补充分拣货架的商品

A。商品的箱子放在流动货柜的一排,从前面开始按顺序拣货。

现在系统发出了补充商品的指令,根据分拣货架库存量以及当日的预测订单量,补充库存,但是如果订单多于预测数量,就会缺货,必须紧急补充商品。在补充完成之前,商品A的分拣以及打包、发货作业都会暂停。

❷After:使用显示板

使用显示板,可以根据平均的订单状况,事先设定好分拣货架的标准库存数量以及触发采购的库存数量(触发补充的库存数量)。例如,商品A的标准库存是5箱,当剩余1箱时,从储存区域补充,此时,商品A存储那排最后一箱处写有"商品A、储存区域货架001→分拣货架A-01,补充5箱"的牌子(=显示板)就会夹到箱子前面。

分拣员工看到这个"显示板"出现在箱子前面时,就会将"显示板"投入设置在分拣货架附近的"显示板邮箱"。负责补充商品的员工会定期巡视邮箱,当邮箱中放有"显示板"时,会根据记录从储存区域的货架补充指定数量的商品A。这就是丰田生产方式——"仅补充使用掉的数量"。

通过运用这个简单的方法,即便不添置能够进行库存管理、订购管理、订购预测等的专业系统,也可实现自动补充。

丰田显示板结构图（5-10）

补充显示板

商品:A　　补充数：5箱
补充单元：A-01

A-0-1　A-0-2

消费分拣

显示板　夹在箱子前面

最后一箱的第一个商品分拣后，将显示板放入显示板邮箱

显示板邮箱

显示板

显示板

负责补充商品的员工

储存区域

商品A
补充5箱

显示板

132

▶▶ 运用尖端技术改善物流的案例

接下来介绍新的自动识别技术案例。将以往通过目测进行的人工作业改进为任何人都能完成的高精度作业。

最让人烦恼的作业之一是"如何准确处理没有条形码的商品"。以往的对策如下。

①通过目测进行双重检查，确保质量；
②入库时制作、贴上内部条形码；
③通过添置数字化分拣系统减轻员工的负担。

但是，两个人都有可能出现目检错误，①并不能确保作业的准确度。②需要额外的作业时间，也有可能发生粘贴错误。③会面临投资回报率和布局等不能灵活变更的问题。

因此，如图 5-11 所示，我们探讨使用智能设备的声音识别、图像识别系统。一直到数年前，由于声音识别准确度以及需要事先将员工声音导入系统等问题，进行改善时会犹豫不决。但是，随着近来声音识别准确度的大幅提高，以及不限定说话人的应对策略，不用事前进行声音录入了。信息终端设备是市售商品，价格便宜，而连接的话，只要购买好市面上的路由器，接入 Wi-Fi 就可以解决，添置新系统的门槛变低了。

此外，终端设备显示分拣商品的图像，只要核对图像，就能迅速确定颜色和形状。B2C中心汇集了网络用的图像数据，无需额外的准备。今后这种尖端技术的积极应用将会加快。

利用声音、图像的尖端技术的应用（5-11）

语音提示

A1-5-3-1

图像显示

语音提示分拣位置，终端设备显示分拣商品的图像

5-7 头脑风暴的基本规则

关于头脑风暴，有几条参加成员必须遵守的规则。这些基本规则务必在头脑风暴开始前告诉大家。

▶▶ 不否定别人的意见

特别是有职位的成员对提出的对策加以否定后，头脑风暴会变得僵化，也不会出现好的想法。要让成员有这样的意识——即便有想要否定的对策，也可以从别的视角将其转化为可行性的对策。

▶▶ 重视数量

无论是一般性的对策，还是具有专业性的对策，或者可行性存疑的对策，都一律公平地写在白板上。不要拘泥于写法，要写上所有的意见。

▶▶ 对所有的想法都表示欢迎　自由奔放

头脑风暴越是热烈，越能自由地产生很多想法。有意识地召集不同年龄、性别、工作部门、经验技能的成员，引导大家提出看似荒唐可笑但实际很独特的想法。项目组负责人和会议主持人要注意创设氛围，让成员自由发表观点。

▶▶ 巧妙利用对策

对于提出的观点，表示尊重，并发现、表扬其优点。得到表扬后，大家会更加积极主动地提出自己的观点。而且，项目组负责人、会议主持人应尽快了解成员的个性，让每个人承担最合适的职责。例如，播下创意种子的人，浇水、培育，移栽、改变视角的人，等等。分清成员的擅长领域，促使大家提出观点，头脑风暴会因此更加充实。

如果能创设这样的氛围，那么对于一个观点，大家会提出很多意见。即便在最初阶段想法有不足或者缺乏可行性，最终若能转化为可行性策略，那么，参加头脑风暴的成员在以后的实践阶段会更积极地投入到改善活动中。

第 5 章 | "Step 2" 思考并确定对策

不设框架，不断提出创意是基本

5-8 头脑风暴当日的进程

头脑风暴当天,在有限的时间内,汇总全体成员的意见。汇总时,一边保持发散与收敛的平衡,一边推进会议的进程。

▶▶ **头脑风暴当日的进程**

开会前应在项目组成员内做好分工,安排人员分别负责将意见写在白板或模造纸上,调整管理时间以及主持,等等。

头脑风暴当天,按照如下流程进行。

❶说明头脑风暴的主旨以及时间安排

让参加会议的全部成员都了解头脑风暴的主旨以及需要讨论的课题,同时确认当日的进程安排。

此时,不仅仅是说明主题,可以以杂谈的方式缓解参加者的紧张感,创设能够轻松提出意见的氛围。

❷开始头脑风暴

首先,设定时间,提出并汇总各个课题的对策。灵活利用便笺、复印纸记录笔记。

❸**收集意见**

各个课题的第一轮，让每个人都公平地发表意见。将每个人的意见记录在白板上，等所有成员的意见都发表后，再进行归纳。

❹**汇总**

即使所有的课题并没有完成，也要确保汇总的时间。头脑风暴的讨论越是热烈，就越能自由地发表观点，白板或者模造纸上会写满观点（发散）。在汇总阶段，需要将表现形式不同、对象相似的内容进行归纳。

最后，分享汇总后的意见。如果未能在规定时间内完成汇总，则以后由项目组成员进行汇总并告知参与成员。

专栏 畅聊

头脑风暴是具体的对策创造活动，与此类似的方法有"畅聊"。所谓畅聊，是某大型汽车制造商的公司职员创造的词，是指"吵吵嚷嚷"交谈的样子。

不论部门、职位、年龄、性别，互相讨论新产品的构思，展开讨论，解决课题。与头脑风暴不一样的是，其并没有明确设定的课题以及进程的严格规定。持有创新性的想法或意见的成员会集在一起，随时随地都能进行。

因为是"畅聊",所以只要不是否定人格或者高压态度,即便有一定的反对意见或者脱离主线也不是问题。也无须细致记录、汇总意见。在交谈中,如果能想出令人印象深刻的点子,就很成功了。

据说,实际上,那家汽车制造商在启动重要项目时,会隐居在山间的温泉旅馆,俗称"隐居山间"。笔者以前也曾被招待"隐居山间",但是由于是很普通的租赁会议室,还稍稍有点失望。

在物流改善项目的初期阶段,或者对改善活动感到迷茫时,不妨试一试这种方法。

5-9 对策的整理

将对策进行分类、整理并规范化拟采用的对策。对于头脑风暴需要解决的事项，也要在这个阶段讨论。

▶▶ 对策的分类

如图 5-13 所示，整理并规范化对策是根据共同点将对策进行分类。具体而言，有改进包装、单据，重新设置商品的储存位置，等等。通过分类，可以明确需要改善的作业范围。

▶▶ 对策的整理和规范化

首先，整理并规范化符合以下条件的对策。

①内容相同，只是表述不同；
②一个对策对多个课题有效。

对策整理、修改后汇总在一览表中，可视化。可视化的方法有很多，最简单的是采用在 Step 0—Step 1 阶段探讨过的、

对策的整理（5-13）

对策发散

↓ 将对策分类

| 改进包装 | 单据的合理化 | 其他 |

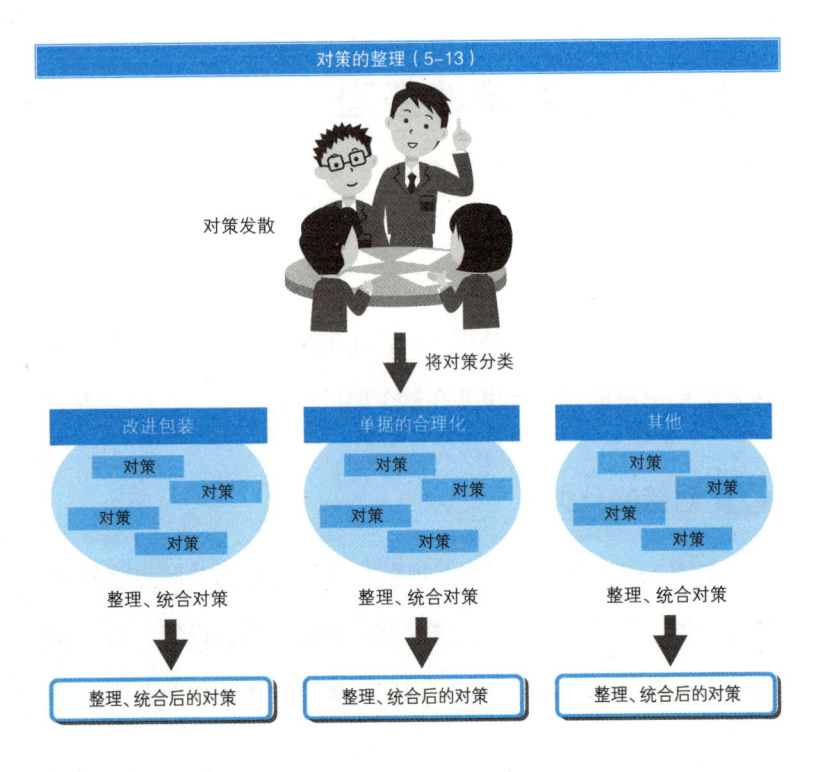

整理、统合对策

整理、统合后的对策

在问题点、要因、课题后，单设一栏表述对策的表格。以树形图的方式清晰表示物流中心改善项目的目的目标、问题和原因、应解决的课题及其对策的相关关系（问题对策表）。通过经常更新这个表格，可以预防疏漏对策或者忘记讨论。以A0、A1的大小公布在事务所的话，视觉上一览无遗，比较有效（图5-14）。

第5章 | "Step 2"思考并确定对策

▶▶ 悬而未决的对策的处理

关于如下尚未解决的对策,明确需要调整的对象以及负责的项目组成员。

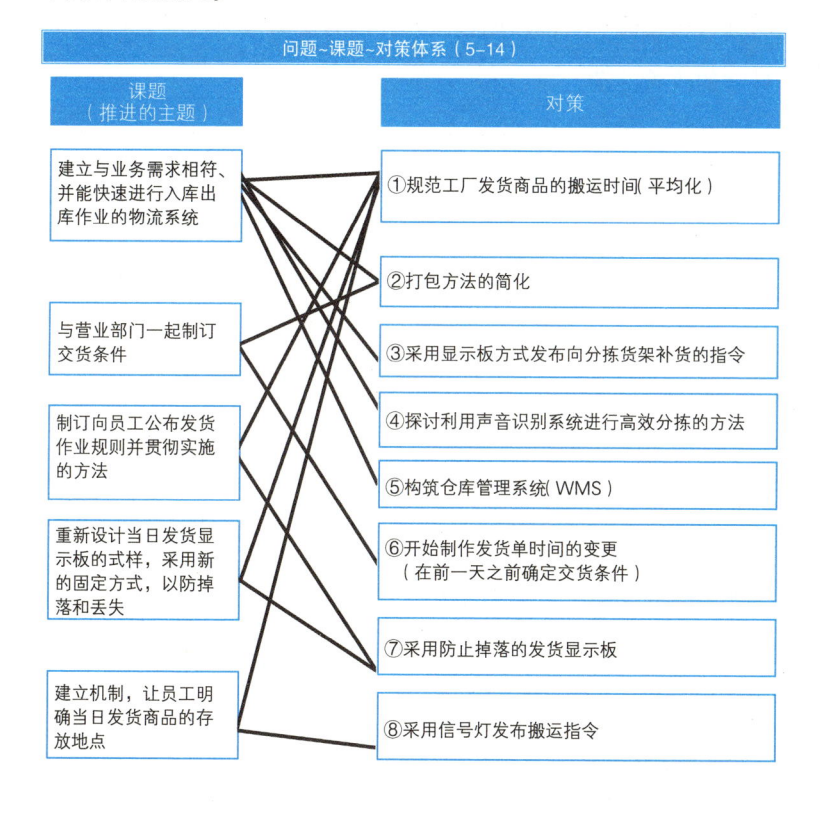

问题~课题~对策体系（5-14）	
课题（推进的主题）	**对策**
建立与业务需求相符、并能快速进行入库出库作业的物流系统	①规范工厂发货商品的搬运时间(平均化)
	②打包方法的简化
与营业部门一起制订交货条件	③采用显示板方式发布向分拣货架补货的指令
	④探讨利用声音识别系统进行高效分拣的方法
制订向员工公布发货作业规则并贯彻实施的方法	⑤构筑仓库管理系统(WMS)
	⑥开始制作发货单时间的变更（在前一天之前确定交货条件）
重新设计当日发货显示板的式样,采用新的固定方式,以防掉落和丢失	⑦采用防止掉落的发货显示板
建立机制,让员工明确当日发货商品的存放地点	⑧采用信号灯发布搬运指令

①对策的实施,需要和外部的发货方以及配送公司进行协商。

143

②对策的实施,需要变更客户的接单时间,这需要通过公司的销售部门进行协商。

除了日常的改善活动,项目组成员需要和外部的相关公司以及公司内的相关部门进行协调,当有望展开实施时,再进行日常的改善活动。

5-10 对策的第一次评估和实施

完成整理、规范化并分类后，进行第一次评估。筛选出能够在短期内立即实施的方案，获得改善效果。

▶▶ 第一次评估的必要性

分类结束后，对策一般会经过项目组成员的评估、甄选而被确定为改善活动的候补。在得到项目负责人的认可后，进入改善活动实施过程。但是，如果所有的对策都经过这样的顺序，工作是很没有效率的。因此，以项目组成员为主，进行简单的一次评估，筛选出能在短期内立即实施的方案，通过立即推进业务改进，在短时间内达到改善的效果。

这项先行实施的小规模改善活动若能确实取得效果的话，可以增加项目组成员的自信，也能通过实践掌握改善技巧。此外，通过项目的成功案例，更容易得到项目负责人（经营层）对下一步改善活动的理解（图 5-15）。

⏩ 第一次评估的基准

由于是短时间内的评价，因此采用如下标准。

❶风险

所谓风险是指实施对策时产生的各种阻碍。即使失败也只会对实际业务产生较小影响的对策，也即，即使发生不可预测的状况，项目组成员也能进行处理的对策将会成为改善活动的候补选项。

❷人员

实施对策所需要的人员。如果项目组成员就能完成，那么他们就可以成为改善活动的候选人。

❸成本

实施对策的投资。不需要进行大规模的系统修改、不需要添置设备的对策将会成为改善活动的候补选项。投资成本的标准，大致在项目负责人的结算范围（经费标准）内。

❹时间

实施对策所需要的准备时间。大约数日至1周内可以完成的对策将成为候补选项。

符合所有这些标准的对策，可以立即开始实施。即使有1—2个标准不符，但如果是一次评估的意向对策，在和相关

第 5 章 | "Step 2" 思考并确定对策

部门以及项目组负责人协商之后，若能得到认可，就可实施。

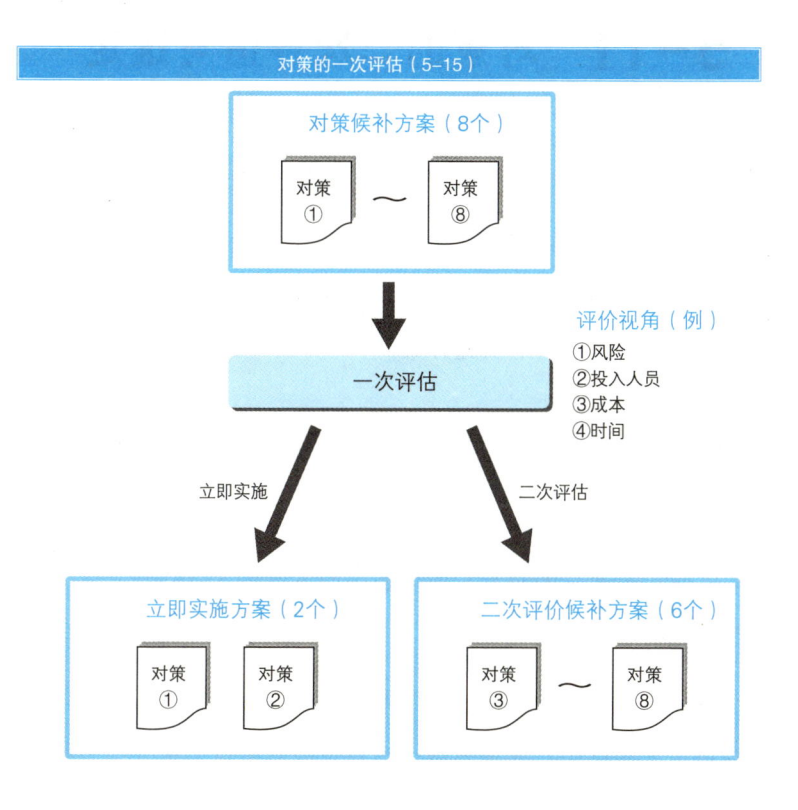

对策的一次评估（5-15）

对策候补方案（8个）
对策① ～ 对策⑧

↓

一次评估

评价视角（例）
①风险
②投入人员
③成本
④时间

立即实施 ↓　　　↓ 二次评估

立即实施方案（2个）
对策① 对策②

二次评价候补方案（6个）
对策③ ～ 对策⑧

147

5-11 对策的二次评估与选定

一次评估之后，采用几个方法进行对策的二次评估。然后设定优先顺序，选定实施方案。

▶▶ 对策的二次评估

安排对策的实施顺序。在这次评估中，客观选出 Step 3 阶段实际进行改善的对策。评估顺序如下（图 5-16）。

❶ 评价基准

在各项对策的右侧，将影响改善活动实施优先顺序的评价项目填入表格中。评价项目由项目组成员商讨决定。尽可能设定能客观比较的、具体且简单的评价项目，如：效果、成本、时间、难易程度、可行性（技术是否稳定，是否采用其他公司的改善经验）等。

❷ 打分

接下来给每个评价项目打分。建议给各个项目分 4 个等级打分，如："4 分、3 分、2 分、1 分"或者"◎○△✕"等。

采取4个等级打分的理由是，如果采用"○△×"3个等级（奇数）评估，一般的打分者往往倾向取中间值（△）。因此，通过采用偶数的4个等级进行评估，进行有差异的评估。

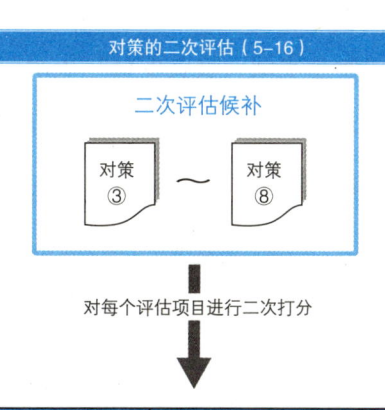

对策的二次评估（5-16）

二次评估候补：对策③～对策⑧

对每个评估项目进行二次打分

对策	评估项目				评分
	效果	成本	时间	难易程度	
③将补货指令改为显示板方式	3	3	3	3	12
④探讨利用声音识别系统实施分拣的方法	4	2	2	2	9
⑤构筑仓库管理系统（WMS）	4	1	1	1	7
⑥发货单制作开始时间的变更	3	4	4	3	14
⑦采用防止掉落的发货显示板	3	4	4	4	15
⑧采用信号灯发布搬运指令	3	1	2	2	8

▶▶ 对策的四象限矩阵评估

作为选择最终对策的有效判断工具，可以使用如图5-17

所示的四象限矩阵。四象限矩阵也被用于战略分析中的SWOT分析法。

横轴表示对策的紧急度，纵轴表示对策的重要度。右上象限的"紧急度高、重要度高"是最优先实施的对策。与此相反，左下象限的"紧急度低、重要度低"表示即使实施的难度很低，也无多大实施的必要性。利用这个四象限矩阵，可以比较容易地分析对策的实施顺序。

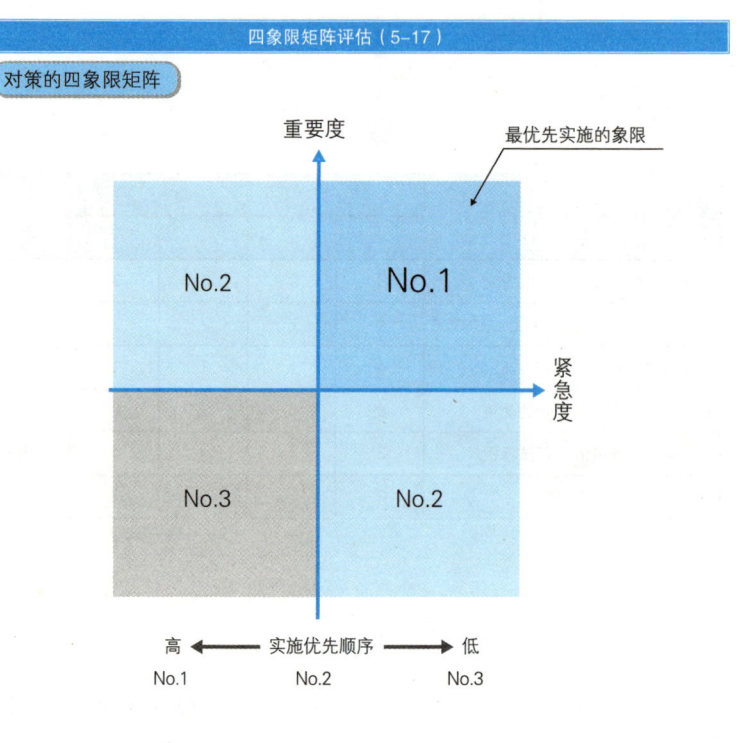

四象限矩阵评估（5-17）

对策的四象限矩阵

	紧急度低	紧急度高
重要度高	No.2	No.1（最优先实施的象限）
重要度低	No.3	No.2

实施优先顺序：高 ← → 低
No.1　No.2　No.3

150

▶▶ 对策的选定

从四象限式的对策中选择实际实施的对策。

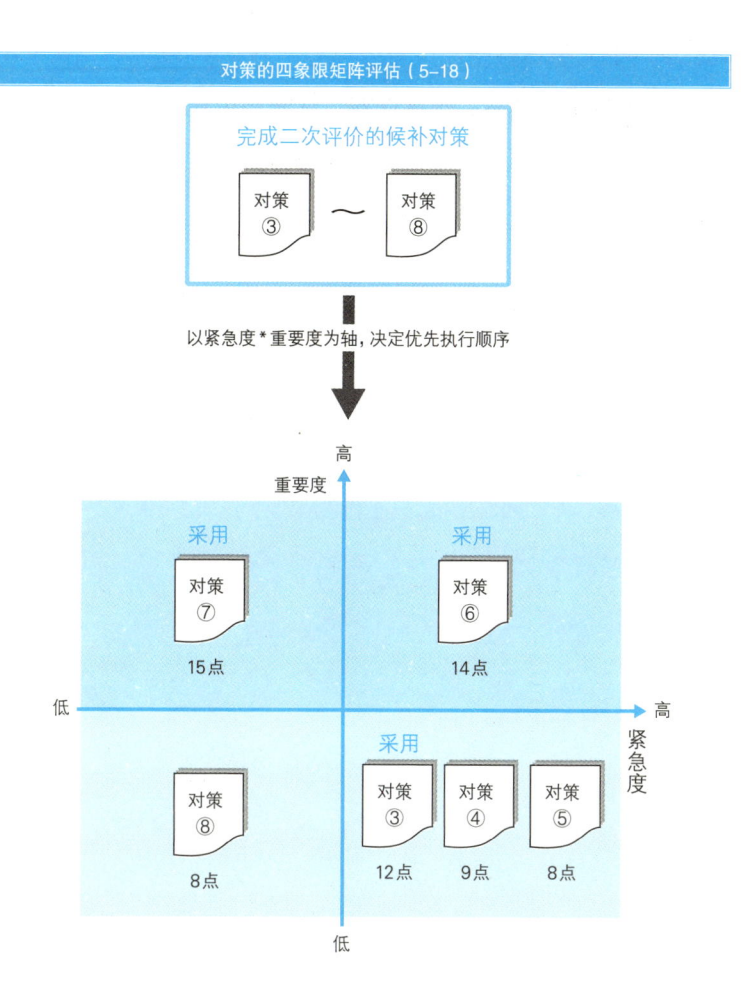

对策的四象限矩阵评估（5-18）

完成二次评价的候补对策

对策③ ～ 对策⑧

以紧急度*重要度为轴，决定优先执行顺序

重要度 高

采用
对策⑦
15点

采用
对策⑥
14点

低 —————————————— 高 紧急度

对策⑧
8点

采用
对策③   对策④   对策⑤
12点   9点   8点

低

151

❶ 从各象限选择对策

一般从"重要度和紧急度均为高"的象限选择最优先实施的对策。接下来优先选择评分高的"紧急度高、重要度低""紧急度低、重要度高"的象限（图5-18）。

❷ 参考企业理念、经营计划、社会形势等

即使是评价不高的对策，也会因为企业宣传、合规方面的原因或公司内部政策方面的原因而提高执行的优先顺序。

第 6 章

"Step 3" 业务改善对策的实施

为了将对策付诸实施，事前必须做好 KPI 设定、ROI 计算以及日程安排。

另外，在实施阶段，现场参与制订有效的活动计划以及具体的执行力也很重要。本章将说明切实将业务改善活动引向成功的秘诀。

6-1 Step 3 的推进方法

首先说明 Step 3 阶段改善对策实施活动的概要。这是在现场参与的工作中，给一系列改善活动画上句号的最重要的一步。

▶▶ Step 3实践活动

在 Step 2 阶段确定对策（候补）后，进入 Step 3 的实施阶段。Step 3 实施的主要工作如下，由项目组成员分担各个对策，推进改善活动。

①对策评价指标的设定（KPI）；
②根据 KPI 测定并计算现状数据；
③根据 KPI 设定改善目标值；
④计算对策的投资回报率（ROI）；
⑤制作业务改善活动企划书；
⑥根据改善活动企划书，推进实施；

⑦准备进入改善活动环节；

⑧测试运用以及进展确认；

⑨改善活动的结束。

业务改善策略的实行（6-1）

6-2 对策评价指标的设定（KPI）

在理解改善重要指标 KPI 的同时，对物流中心改善中使用的一般 KPI 进行说明。

▶▶ KPI 的定义

对于各项对策，设定改善成果指标 KPI。KIP 是 Key Performance Indicator 的缩略语，是衡量业务目标达成度的定量指标。在物流中心的改善活动中，一般是从 QCD 角度设定 KPI。

通过 KPI 的设定，可以在项目组成员间设定比较客观的改善标准，与此同时也可在向项目组负责人（经营层）报告成果时使用。而且，也可在向利益相关者的物流中心工作人员、公司内其他部门成员，以及供货方的改善小组报告成果时使用。

▶▶ 物流中心改善 KPI

一般的物流中心业务（B2C、B2B 的 DC 业务）的主要

KPI 如图 6-2 所示。

对策的评价指标设定（KPI）(6-2)

物流中心业务的主要KPI

流程：进货 → 入库 → 保管 → 分拣准备 → 分拣 → 验货、打包 → 装载发货 → 发货（配送）

生产率指标：
- 进货：收寄效率、入库效率
- 入库：入库效率
- 保管：保管效率
- 分拣准备：单据制作效率、单据分类效率
- 分拣：分拣效率
- 验货、打包：流通加工效率、发货打包效率
- 装载发货：装载效率
- 发货（配送）：载货率、车辆实际装货率

质量指标：
- 进货：进货延迟率、生产延迟率（数）
- 入库：入库延迟率、最终入库时间
- 保管：缺货率
- 分拣准备：单据制作、分类延迟率、单据误分类率
- 分拣：误分拣率、最终分拣时间
- 验货、打包：误打包率、打包污损率、最终流通加工时间
- 装载发货：最终发货时间
- 发货（配送）：发货延迟率（数）

质量
进货延迟率（滞留率）、误进货率、误入库率、分拣错误率、误发货率、发货破损率、盘货误差率

成本
进货验货效率、入库效率、分拣效率、打包发货效率、发货效率、按进货数量计算的物流费、按发货数量计算的物流费、保管效率、每个员工的工作效率、载货率、盘货效率、库存移动效率、运转时间（轮班运转时间）、各流程作业时间、流通加工效率

交货
进货延迟率、入库延迟率、分拣作业延迟率、打包作业延迟率、发货延迟率、未交货率（分批发货）、紧急发货车辆安排次数、紧急订单次数、最终进货时间、最终入库时间、最终分拣时间、最终打包时间、最终发货时间、最终流通加工完成时间

第6章 | "Step 3" 业务改善对策的实施

KPI 一般用于表示各种作业的生产率，根据每个工作人员的工作时间、工作量（处理件数）计算得出。例如，分拣效率是指每个员工每小时的分拣数量（商品数）。

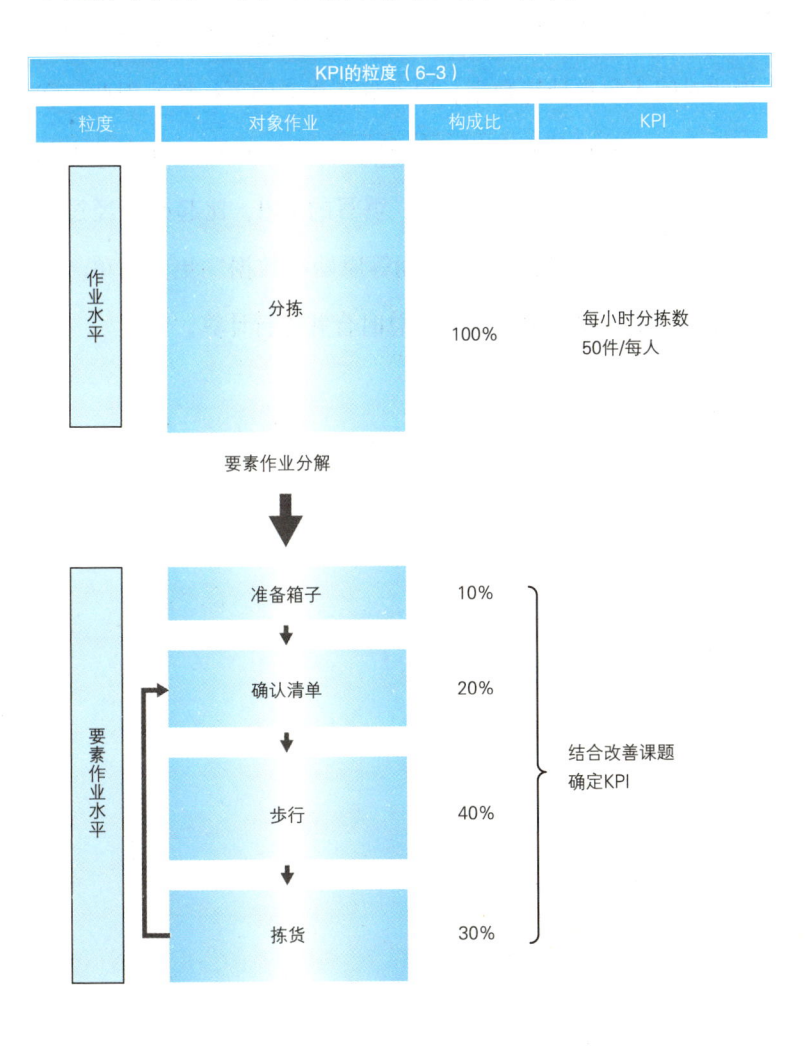

KPI的粒度（6-3）

粒度	对象作业	构成比	KPI
作业水平	分拣	100%	每小时分拣数 50件/每人

↓ 要素作业分解

要素作业水平	准备箱子	10%	结合改善课题确定KPI
	确认清单	20%	
	步行	40%	
	拣货	30%	

此外，也有将分拣的一系列作业分解为各要素作业（准备、确认清单、商品分拣等），以这些要素作业占整体作业的比率作为 KPI，用于业务改善（图 6-3）。

只是，如果设定了过于复杂的 KPI，那么很可能会浪费宝贵的时间去收集计算数据，以及确认作业的可行性。因此，我们设定能够通过尽量简单的计算或者简单的测定就能求出的 KPI。特别是在作业现场测定、填写的 KPI，比起必须经过计算的"比率"，填写次数、时间等原始"数据"更为简单。关于比率，推荐项目组成员在汇总时合并进行计算。

6-3 根据 KPI 测定和计算现状数值

接下来说明如何根据 KPI 测定并计算现状数值，以及 KPI 可视化的各流程。

▶▶ KPI 的梳理

在理解 KPI 的基础上，如图 6-4 所示，梳理作为改善候补选项的各对策的 KPI。此时，在 Step 2 阶段最后选定的对策一览表中添加 KPI 填写栏，明确对策及其评价指标的关联性。

大多数情况下，一个对策会有多个 KPI。我们一般选择削减成本、缩短交货期等改善效果明显的 2—3 个 KPI 为主。

此外，需要梳理分拣错误率、商品破损率等品质改善的 KPI，填入对策一览表。

▶▶ 根据 KPI 测定和计算现状数值

确定各项对策的 KPI 之后，如图 6-5 所示，测定并计算其现状数据。KPI 设定的内容，有时可以使用在 Step 1 阶段分

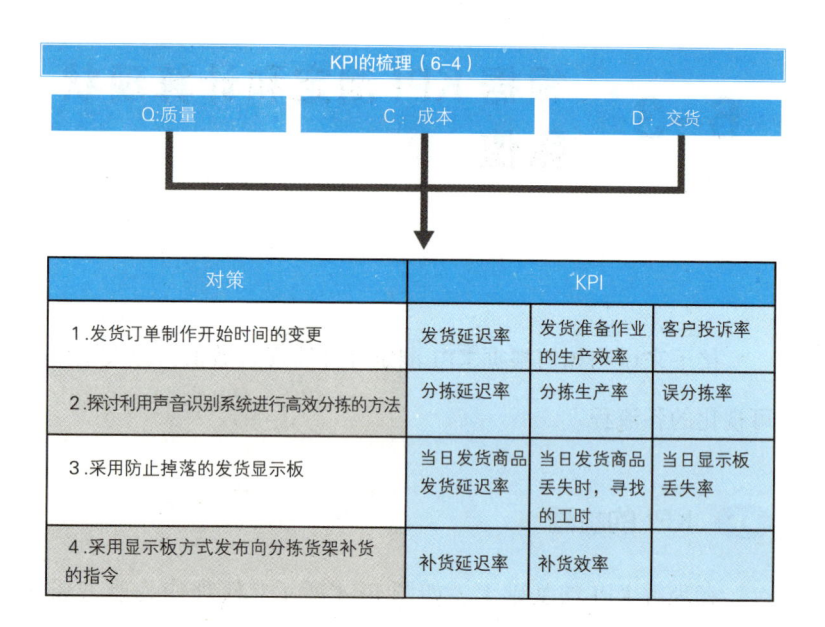

KPI的梳理（6-4）		
Q:质量	C：成本	D：交货

对策	KPI		
1.发货订单制作开始时间的变更	发货延迟率	发货准备作业的生产效率	客户投诉率
2.探讨利用声音识别系统进行高效分拣的方法	分拣延迟率	分拣生产率	误分拣率
3.采用防止掉落的发货显示板	当日发货商品发货延迟率	当日发货商品丢失时，寻找的工时	当日显示板丢失率
4.采用显示板方式发布向分拣货架补货的指令	补货延迟率	补货效率	

析现状时收集的实际数据、工作抽样分析结果等，因此可以再次确认过去的资料。此外，如果没有能利用的数据，或者项目不足时，可以参照 Step 1 那一章，再次进行调查和测定。

　　将以上结果填入对策一览表中的 KPI 栏目中，实现 KPI 的可视化。

第6章 | "Step 3"业务改善对策的实施

KPI的梳理（6-5）

KPI现状值调查手段

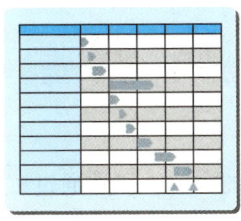

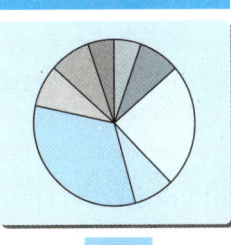

| 调查 | 测定 | 员工采访调查 |

↓ KPI现状值设定

对策	KPI		
1.发货订单制作开始时间的变更	发货延迟率	发货准备作业的生产效率	客户投诉率
KPI　现状值	10%	20客户/小时	0.15%
2.探讨利用声音识别系统进行高效分拣的方法	分拣延迟率	分拣生产率	误分拣率
KPI　现状值	10%	50件/小时	0.5%
3.采用防止掉落的发货显示板	当日发货商品发货延迟率	当日发货商品丢失时，寻找的工时	当日显示板丢失率
KPI　现状值	3.5%	0.8小时	5%
4.采用显示板方式发布向分拣货架补货的指令	补货延迟率	补货效率	
KPI　现状值	2.5%	15箱/每小时	

163

6-4 根据 KPI 设定改善目标值

接下来说明根据 KPI 设定改善目标值的方法,以及通过试验确定目标值的方法。

▶▶ 根据 KPI 设定目标值

接下来,先设定实施对策时的改善目标值。如果设定的目标值合适,那么就能合理判断对策的效果。具有代表性的目标值的设定方法和特点如下。

❶计算改善潜力

这是能削减的业务流程、工作内容、工作人数等都很明确,通过理论计算比较容易确立目标值时的目标设定方法。

我们以 Step 2 阶段确立对策时参考的 NHK(取消、减少、改变)的"减少"为例进行说明。"减少"以通过采取对策而减少的数值(步行距离、作业时间、作业次数等)为目标值。

图 6-6 是减少员工分拣动线的流程图。对发货的实际情况进行要素分析,按照发货频率的高低,将商品置放于离包装

工序比较近的货架上,从而缩短步行距离。并且,利用相同的数据,计算出储存位置变更前后的步行距离。通过比较两者的步行距离,就能很容易地设定目标值。

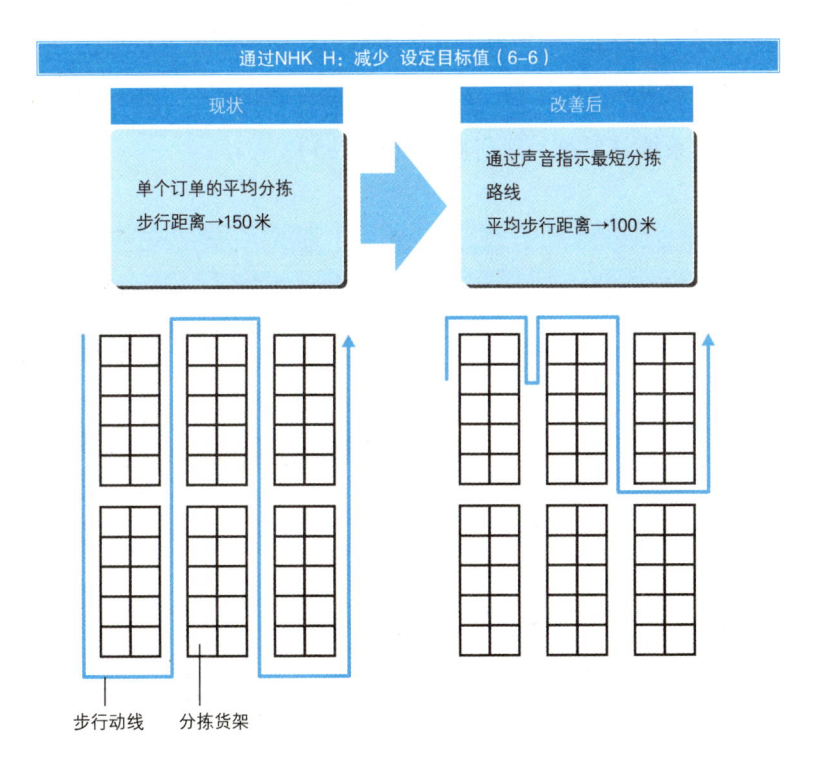

通过NHK H:减少 设定目标值(6-6)

现状:单个订单的平均分拣步行距离→150米

改善后:通过声音指示最短分拣路线 平均步行距离→100米

步行动线　分拣货架

❷通过对策的测试确立目标值

这是没有过往案例、无法从理论上计算出是否实际有效时,通过试验确立目标值的方法。通过小规模实施对策,验证其效果及其可行性。

特别是投资规模比较大、或者需要采用尚未被广泛使用的新技术和设备时，可以先在一定范围内进行试验，设定改善的目标值。

以下是服装 EC 物流中心使用显示商品图像的分拣清单进行试用效果测算的案例。对平板终端显示商品图像、提高分拣效率的系统（对策）进行验证（图 6-7）。

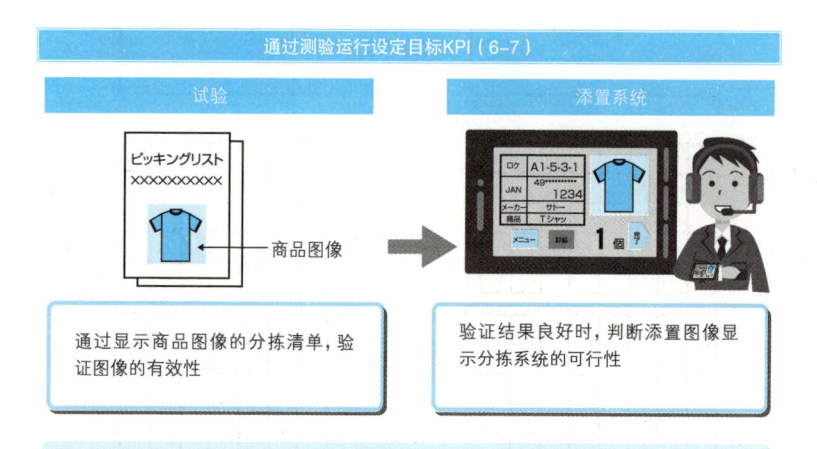

通过测验运行设定目标KPI（6-7）

试验	添置系统

通过显示商品图像的分拣清单，验证图像的有效性

验证结果良好时，判断添置图像显示分拣系统的可行性

①现状业务的问题点
根据商品标签上的商品编号，从存放多个商品的货架找出相应商品的作业很耗时间。
②改善方案(对策)
平板终端显示商品图像，使商品寻找更加容易。
③对策的试运行
通过平板终端确认商品图像，需要投资购买新的系统，因此，试验性阶段采用与其相似的、印有图像的分拣清单，测算其效果。将这种方式与原来只有编号的分拣作业进行比较，发现采用带有图像的分拣清单能缩短寻找商品的时间，于是将这个缩短的时间作为改善目标值使用。

第6章 | "Step 3"业务改善对策的实施

KPI现状值~改善目标值一览（6-8）

KPI目标值设定方法

- 计算改善潜力
- 试验
- 努力目标值：30%以上

↓ KPI目标值设定

对策	KPI		
1.发货订单制作开始时间的变更	发货延迟率	发货准备作业的生产效率	客户投诉率
KPI　现状值	10%	20客户/小时	0.15%
KPI　目标值	1%以下	25客户/小时	0.01%以下
2.探讨利用声音识别系统进行高效分拣的方法	分拣延迟率	分拣生产率	误分拣率
KPI　现状值	10%	50件/小时	0.5%
KPI　目标值	0%	75件/小时	0.01%以下
3.采用防止掉落的发货显示板	当日发货商品发货延迟率	当日发货商品丢失时，寻找的工时	当日显示板丢失率
KPI　现状值	3.5%	0.8小时	5%
KPI　目标值	1%以下	0小时	0%
4．采用显示板方式发布向分拣货架补货的指令	补货延迟率	补货效率	
KPI　现状值	2.5%	15箱/小时	
KPI　目标值	0.5%以下	20箱/小时	

167

❸**当没有目标值设定的具体依据时，设定努力的目标值**

这是无法测算是否实际有效时的一种设定方法。无法从理论上测算目标值，或者即便根据①"现状和将来运用变化的推算"、②"对策测试"可以设定目标值，但需要花费大量的时间，这些状况下，没有必要非得计算目标值。可以设定一个项目组负责人认可的目标基准，进入下一步的对策实施环节。

▶▶ 现状值和改善目标值的比较资料

接下来对按照以上顺序得出的现状数值和改善目标数值进行比较（图6-8）。

6-5 测算对策的投资回报率（ROI）

利用实施对策所需的投资费用，以及基于 KPI 得出的现状值和目标值，可以计算投资回报率（ROI）。

▶▶ 投资回报率（ROI）的定义

ROI（Return On Investment）一般是指投资回报率。可以通过 KPI 得出的"目标值和现状值的差异（添置效果）"和"为实施对策而投入的费用"相除而得，是一个测算投资成本收益的指标。

计算公式为：ROI（%）= 收益/投资费用×100

▶▶ 计算投资回报率（ROI）的要点

以 ROI 值为基础，请项目所有人（管理层）批准对策。

提供的 ROI 相关资料要能让项目所有人在短时间内做出判断。此时重要的是提供有说服力的资料，让项目负责人做出判断。特别是在投资金额较高或投资回收期较长的情况下，如

图 6-9 所示，将 ROI 的明细用表格或图表的形式呈现出来是非常有效的。

系统开发、搬运装卸设备的添置等投资成本，计入外包、外部开发费用或采购费用（估价）。另一方面，业务的改善效果不是指金额，大部分是工时数（内部工时数）、时间等金额以外的数值。因此，计算 ROI 时首先要将所有的数值转换为金额。

▶▶ 金额换算的步骤

主要的金额以外数值的换算，按照如下步骤进行。

❶ 工时数

一般用每人每小时、每人每日来表示。因此，能削减的工时数乘以单价，就能计算金额。此时，如果正式员工、兼职、小时工的工时单价有所不同，需要分别乘以相应的价格。

例如，削减工时＝10 人时，单价＝1000 日元/人时，那么此时的改善金额为：10 人×1000 日元＝10000 日元。

❷ 时间

时间分为人工作业时间以及人工以外的设备运转时间等。如果是人工时间，则计算与①相同。如果是设备运转时间或者工序转换时间的减少，可以将缩短时间内能生产的附加价值换算成金额。

第6章 | "Step 3" 业务改善对策的实施

计算ROI的流程图（6-9）

投资

费用明细	金额
缩写：声音识别系统开发、设备添置费用	13000千日元
每年维护费用、保养费用	2000千日元/年

效果

分拣员工的现状	添置声音识别系统后提高的效率	添置后的分拣员工安排
10人	50%向上	7人
10万日元/日		7万日元/日
每年（250日）	每年削减金额	750万日元/年

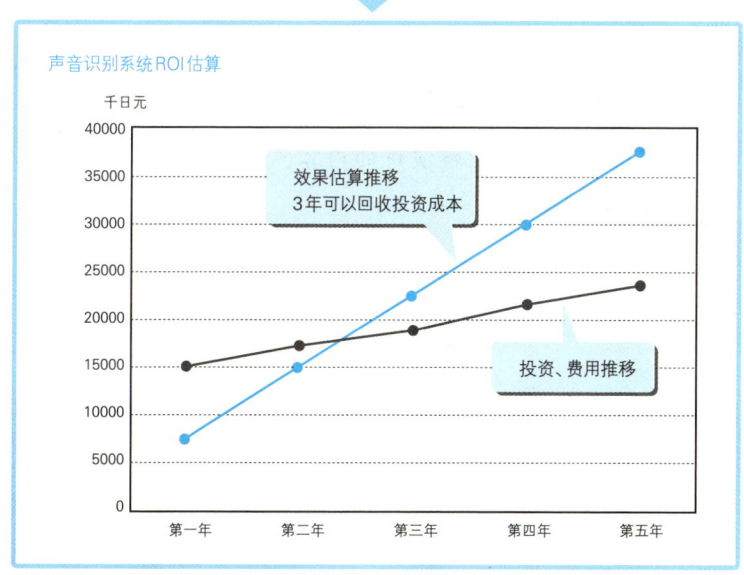

声音识别系统ROI估算

千日元

效果估算推移
3年可以回收投资成本

投资、费用推移

第一年　第二年　第三年　第四年　第五年

171

专栏　让对方理解

作为物流改善咨询业务的一环，我有机会举办物流改善研讨会。演讲的内容是物流现场的现状和课题、对策，以及声音识别技术等新技术的介绍。

一般是1小时左右的演讲，为了能让与会人员理解讲述的内容，会制作一些视频。插入2段或3段3分钟左右的视频，能让与会人员进一步加深理解。

充分考虑研讨会资料的内容，用容易理解的排版和颜色进行说明。关于声音识别技术的使用，播放实际采用该技术的用户视频更能说明清楚，正所谓"百闻不如一见"。

为了让对方能够理解演讲的内容，使用更容易理解的工具，也很重要。

6-6 制作改善活动企划书

接下来说明，为获得对实施方案的批准，改善活动企划书制作的顺序、具有说服力的投资回报率（ROI）的计算方法，以及公司内说明会的准备步骤。

▶▶ 关于改善活动企划书

在确定所有对策的 KPI 目标数值后，制作企划书，实施具体的改善活动。在企划书中，汇总从 STEP 0 开始的改善活动中导出的改善目的和目标、问题点及其原因、课题、确立对策的经过、改善活动整体的日程安排、活动体制，以及各对策的执行计划。此外，还会记录为获得项目所有人对改善活动的批准而计算的投资回报率（ROI）以及各项对策实施后与现状的差异（图 6-10）。

▶▶ 改善活动进展情况整理

简单总结制作改善活动企划书之前的活动经过。而后简要汇总之前 Step 0—Step 2 的活动实绩以及 Step 3 之后的活动计划。并将目前活动中制作的"问题-对策表"以及按层分类的对策表摘录出来，供大家使用。

▶▶ 改善活动的整体日程安排和活动进程

接下来分析顺利推进改善活动的日程安排以及活动进程。给每项对策设定期限，完成系统开发等准备工作以及实施、评价等工作。然后，将需要完成的任务按照项目组成员和执行阶段需要协助的现场成员进行分类。

之后，设定包括所有对策在内的整体安排和进程。但是，即便单个对策层面没有问题，在同时推进多项对策时，会发生项目组成员、现场成员，甚至设备、系统资源不足的状况。此时，需要重新调整日程安排，以适合整体需求。避免设置从计划阶段就难以实现的日程安排。

▶▶ 改善活动整体愿景

简要总结改善活动中实施的各项对策的概要以及对策间的相互关系。标明对策适用于入库~出库为止的物流中心整体运行中的哪一环。如果作业有增加、分解，或者员工数量有增减、安排有变化时，也在此处加以说明。通过制作这份资料，能比较容易地向项目组成员以外的项目所有人、现场代表等传达改善活动的整体规划。

▶▶ 对策的投资回报率（ROI）

将上一节讲述的各项对策的效果测算资料汇总为改善活动整体的投资回报率（ROI）。各项对策的测算资料作为明细使用。

▶▶ 各项对策的说明

准备的资料要让项目所有人能比较容易地理解各项对策带来的改善效果。应该删除不必要的信息，尽可能精简页数。此外，在测算评估多项对策的效果时，需要统一各项对策的构成和格式。具体由如下资料构成。

❶ 比较作业的现状和实施对策后的作业流程

即比较实施前后的作业。简洁表述作业的流程，不要在资料上删除实施对策后被精简的工作，而是以灰色等不显眼的字体标明，这样比较有效。对于有变化或者追加的工作，用红色字体等清晰标明变化和增加的内容。此外，如果作业起止时间有改变的话，需要一并记入。

❷ 对策的概要

逐条或者以表格的形式说明对策的具体特征、功效、性能。如果对策是添置系统、搬运装卸设备等，那么需要以插图或者照片等形式补充说明操作流程图。

改善活动企划书的制作（6-10）

改善活动企划书
- 改善活动的进展状况
- 改善活动整体日程安排和活动体制
- 改善活动整体愿景
- 对策的投资回报率（ROI）
- 各项对策的说明

专栏 商品销售与方案销售

我刚踏入社会时的第一份工作是销售。当时主要销售业务使用的机器及其附属服务，所以最关心的是如何销售商品。

特别是对于长期、固定的老顾客，比起是否能改善业务或者削减成本，更重要的是提出与现在使用的设备的规格差异和成本差异。

这就是所谓的"商品销售"。这是一个站在顾客角度的使用建议。回顾那个时代，我感到现在从事的物流改善咨询服务是彻彻底底的"方案销售"。

改善首先需要分析业务的现状，提出并整理问题点和课题，然后思考对策。这与站在商品角度的"商品销售"、为了销售商品而让顾客想象使用场景的故事销售方式完全不同。

从用户的角度来看，比起"商品销售"，"方案销售"的方式更能让人产生购买"物品"的认同感，也更想和提出提案的公司保持长久的关系。

6-7 根据改善活动企划书进行说明

向项目所有人说明改善活动的规划,并请求项目所有人对各项对策的实施做出批准。

在改善活动规划的说明资料制作完成后,向项目所有人以及项目组成员、现场代表进行陈述。

▶▶ 事前准备

必须向全体参加人员说明会议的主旨、内容、时间、地点。一般使用电脑和投影仪进行说明,如果有实际正在讨论购买的系统设备实物、演示视频、其他公司的案例资料等,也需要准备。所谓"百闻不如一见",演示的效果是巨大的。

▶▶ 召开说明会

按照上一节讲述的改善活动企划书准备说明内容。只要按照本书的说明进行准备,那么已经包括了需要说明的所有内容,所以只要带着自信,逐页、慢慢地清晰描述即可。此时,

第6章 | "Step 3" 业务改善对策的实施

尽可能站在屏幕的旁边，指着正在说明的内容进行说明。如果能这样说明，那么关于说明内容的自信和热情一定能传达给项目所有人（图6-11）。

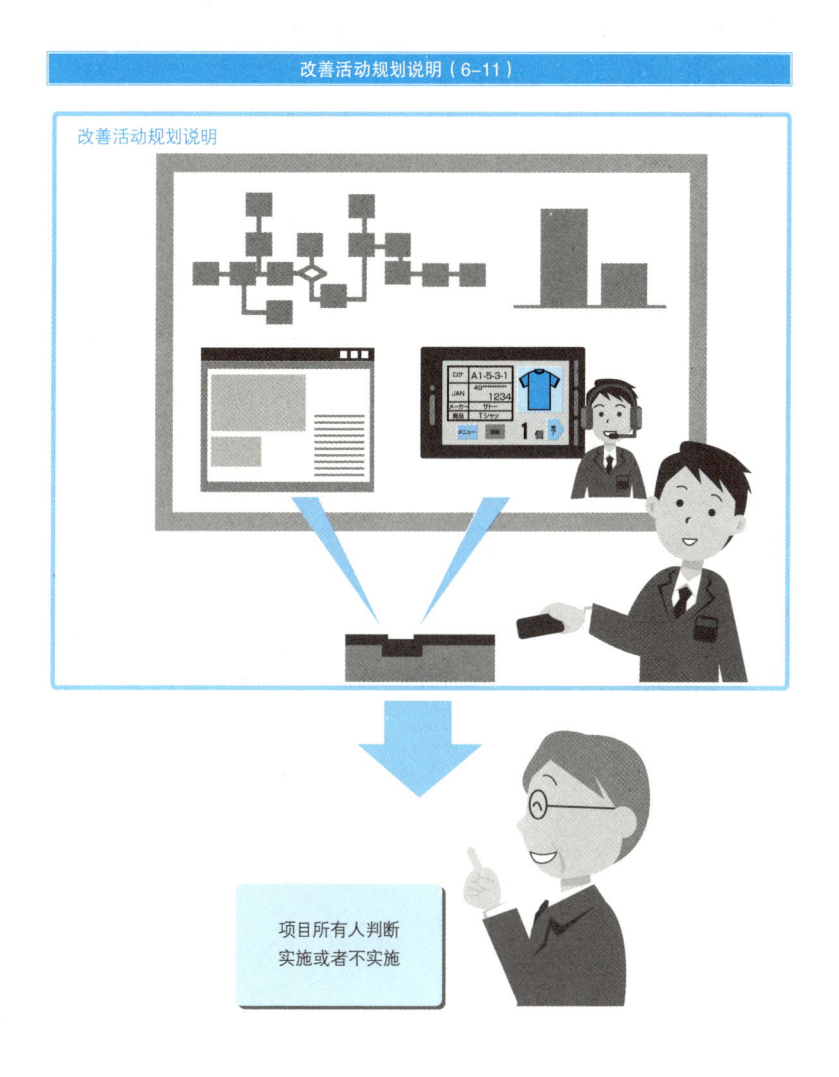

改善活动规划说明（6-11）

项目所有人判断实施或者不实施

179

▶▶ **决定是否实施**

询问与会人员是否有问题。在回答一系列问题之后,请求项目所有人对各项对策做出批准。如果选择日后公布结果,那么确认结果公布日,结束说明。

6-8 准备实施改善

准备好顺利推进各项对策实施的详细日程安排、管理各项活动的管理表,以及向实施阶段过渡的相关资料,以在现场推进。

▶▶ 设定详细日程安排

根据项目所有人的批准,对决定加以实施的各项对策设定详细日程安排(图6-12)。整体日程安排在说明改善活动规划时已经大致决定了,在这个阶段需要确定详细的日程安排。

此外,如果有多项对策,并且相互间具有关联性,那么利用Excel制作条形日程表则比较清晰。如果对策比较少,对策之间的关联度不大,那么可以使用注重清晰度的PPT日程表。

在开始改善活动时,必须设定试运行时间,对一定期间内的改善效果做出评价。试运行时间根据对策的具体内容而定,大致为数日至数周。

最后，在日程安排表中填写负责人（主、副）的必要信息。

▶▶ 制作各项对策的改善管理表

根据对策实施改善活动时，除了详细日程安排以外，根据 Step 2—3 阶段确定的如下信息分别制作管理表，记录作业进展、实绩、问题点等（图 6-13）。

①改善目的；

②对策的选定理由；

③对策的内容和作业项目说明；

④期待效果和基于 KPI 的改善目标值；

⑤项目所有人、项目领导的指示事项；

⑥活动评价以及试运行期间的评价方法、试运行的结束条件；

⑦活动中断条件；

⑧活动实绩的填写区域（制作时是空白的）。

第6章 | "Step 3" 业务改善对策的实施

各项对策的日程安排（6-12）

详细日程安排

任务	N月	N+1月	N+2月	N+3月	下一期
实施现场确认					
系统要件的定义					
系统修改					
各种机器的安排					
事前测试					
系统设置					
数据关联确认					
试运行					
评价：汇总各类课题					
实际运行过渡计划					
关于过渡的协商					

183

改善管理表制作和展开（6-13）

各对策改善管理表

各对策改善管理表<1>

年　月　日

管理编号	D-3	责任人	○○制作所：A、B　△△公司：E

课题	探讨使用声音识别技术进行高效入库、分拣作业的方法

设为课题的原因：

创建物流系统，进行高效的入库、出库（分拣）作业

改善的目的：

改善目的：

目前依靠目测（清单）的分拣作业，通过添置声音识别系统，实现根本性的改善。

改善的内容和项目的说明：

改善的内容和项目的说明：
① 探讨声音识别分拣系统的基本适用范围
②
③
……

可期待的效果：KPI

① 分拣效率 51箱/小时→75箱/小时
②
③
……

遗留课题（包括投资）

- 与上层系统的合作
- 针对WMS更新，调查配有声音识别系统的WMS

责任人评价：

▶▶ 公布各项对策的改善内容

让包括现场代表在内的所有项目相关人员了解各项对策的改善管理表。如果疏于这项工作，就有可能不能正常进入业务改善的实施环节。

此外，有时会让现场员工记录试运行阶段的实绩。这时，需要准备好记录表，尽可能不给现场增添负担（图6-14）。而且，现场也有各种雇用类型的员工。如果需要加班填写，就会产生加班费等费用，所以需要考虑做好预算。

▶▶ 面向现场员工，准备向新运行过渡

在向新的实施过渡时，还需要以下的资料和作业。与运行详细日程安排、试运行时的委托事项一样，必须完全告知现场员工。

①作业规则以及流程变更手续；

②制作新作业（产生变化的作业）手册（现场使用和外部使用）；

③作业变化的要点以及注意事项资料的制作（现场使用和外部使用）；

④新作业时间表的制作；

⑤故障应对手册、紧急联络人、联络规则的制订；

改善管理表制作与展开（6-14）

现场实绩记录表

物流中心出入库时货盘滞留记录表

记录日期：
记录人：

仓库						
进出库	当日发货		出口	自动仓库		
时间（AM）	入库货盘数	出库货盘数	时间（PM）	入库货盘数		出库货盘数
8：00	30	10	13：00			
8：30	50	5	13：30			
9：00	20	5	14：00			
9：30			14：30			
10：00			15：00			
10：30			15：30			
11：00			16：00			
11：30			16：30			
12：00			17：00			
12：30			17：30			
13：00			18：00			

⑥召开说明会向相关现场员工说明，并且进行培训；

⑦召开新运行说明会，向外部相关人员（收货方以及配送公司）进行说明。

6-9 试运行以及进展确认

接下来说明试运行的具体步骤、管理方法，以及进展报告的实施要领。

▶▶ 试运行的方法

根据各对策改善管理表中的日程安排，进行试运行及验证（图 6-15）。具体的作业项目如下。

①将试运行的状况及问题点等记入改善管理表；
②定期回收现场员工记录的实绩内容（撰写进展报告的基础数据）；
③实施工作取样分析等，验证改善效果。

▶▶ 进展报告会及其内容

试运行期间，定期召开进展报告会，对各项对策的实施状况进行确认，并予以公布。

❶ **举办的间隔时间**

进入运行阶段后,刚开始的几天每日进行,以后大致每周进行 1—2 次。

❷ **参加人员**

项目组成员,根据需要安排改善活动的现场责任人、现场代表参加。

❸ **报告内容**

公布活动进展以及改善效果(基于 KPI 的实绩)。

❹ **研讨事项**

试运行阶段发生问题时,项目组成员研讨、确立对策。

新决定实施的改善内容应立即记入各对策改善管理表,最终反映到实际运用中。

试运行结束时,或者确认效果明显、满足验证结束条件时,汇总活动结果。

如果未达成改善目标、符合当初设定的中止条件时,停止运行。如果不是对策本身有误,而是改善活动的操作失误造成的,则修改活动内容或者探讨系统变更等改善方案。找到改善方案、完成修改后,再次试运行。

试运行和进展确认（6-15）

各对策改善管理表＜进展记录表＞

年　月　日

管理编号	D-3	责任人	○○制作所：A、B　△△公司：E

课题	使用声音识别技术进行高效的入库、分拣作业	试运行中止条件： ①因运行或者系统问题，作业时间大幅增加（大约第三天能判断） ②分拣质量（误分拣）比现状更差（大约第三天能判断）
试运行结束条件：		
期待效果（KPI）全部得到确认		

1　活动记录：单元格等可以任意添加　附页　有　无
　　日期：　年　月　日

运行第一天：将分拣指示CSV导入语音系统。

导入顺利完成。项目组成员利用午休时间进行声音分拣试验。

系统正常。与明日负责测试的M碰头商量。语音识别系统的声音测试以及耳机声音调节。

KPI实绩：①生产效率：--　②分拣结束时间：--　③错误分拣件数（总件数）：-

2　活动记录：单元格等可以任意添加　附页　有　无
　　M工作取样分析表、M访谈表　　　　　日期：　年　月　日

运行第二天：M分拣工作取样分析，验证作业效率　上午1小时　下午1小时

系统正常，但是分拣货架南部区域信号不好。正式运营时需要增加Wi-Fi终端

根据对M的访谈了解到，使用各对策改善管理表比清单目测核对更方便。再习惯一下就会更快。只是说话有点累。

KPI实绩：①生产效率：提高35%　②分拣结束时间：17：55　③错误分拣件数（总件数）：0

最终KPI：根据试验结果推测。
　（不是只取平均值，而是要考虑操作习惯等因素）　　　日期：　年　月　日

KPI实绩：①生产效率：提高50%左右　②分拣结束时间：18：00前结束
③错误分拣件数（总件数）：验证中 0

▶▶ 防止活动停滞

没有预想的改善效果或者得不到现场员工的理解和支持时，往往容易陷入"停滞"状态（图6-16）。为了打破这种局面，活动中需要加入一些变化。具体而言，比如召集现场管理者、员工举办成果报告会，让大家谈谈做法（图6-17）。

"停滞"状态（6-16）

表彰实际效果超过预想的改善对策，以及能激发积极性的做法，会给活动带来变化。

防止停滞的做法（6-17）

成果发表图例

第一次成果发表会的通知

时间：2月26日（周三） 18：00~20：00
地点：第三会议室
参加人员：项目组全体成员

发表内容
・各对策的中期报告，如果已经出成果，
　请予以展示。
・请使用改善活动中的视频、照片。
※无须制作新资料。

表彰：PJ○○社长会对员工的努力进行表彰。

目前的平均分拣作业时间　200
　　　　　　　　　　　　180
　　　　　　　　　　　　160
　　　　　　　　　　　　140　利用声音识别系统进行
　　　　　　　　　　　　　　分拣的预估作业时间
　　　　　　　　　　　　120　前往打包区域（步行）
商品取出、收纳　　　　　100
　　　　　　　　　　　　 80
　　　　　　　　　　　　　　商品取出、收纳
　　　　　　　　　　　　 60
前往分拣货架（步行）　　 40
　　　　　　　　　　　　 20　前往分拣货架（步行）
　　　　　　　　　　　　　0

6-10 改善活动的结束环节

接下来说明试运行最终结果汇总时应准备的项目,以及通过成果发表宣告活动的结束。

▶▶ 试运行总结

所有试运行评价结束后,进行活动的汇总。整理活动实施过程中获得的成果(KPI 实绩值)以及试运行期间发现的问题点。

▶▶ 活动成果发表

以是否达成改善目标值为主要内容,向项目相关人员汇报现状值、改善目标值以及改善活动取得的实绩值(图 6-18)。

对于未能达成目标的对策,如果能在不追加费用的状况下进行调整,则公布将要实施的调整策略。

而对于需要重新修改系统,或者增加设备的对策,公布包括追加费用在内的详细应对策略,研讨是否需要进行系统修改或者追加设备等。此时，做出"追加投资应对""即便未达成改善目标也转入实际运用"、"即便投入资金也不能达成目标，所以中止实施"等判断。

▶▶ 转入实际运用，进行最终评价

将达成改善目标的对策，以及虽然未达成目标但也准备转入实际运用的对策投入实际运用中。而对于需要进行某些修改的对策，则在修改完成、确认达成改善目标值时，按顺序转入实际运用环节。实际运用后基本上是以现场为主体的日常运行，一周后、一个月后、每半年等时间节点，项目相关人员定期进行实际运用验证。

如果产生新的问题点，则根据需要采取对策，进行 PDCA 循环。

▶▶ 进入下一个改善环节

通过一系列的改善活动，原本冗长的作业得到整理，实现了调整和简化。然后通过进行循环改善，可以期待实现进一步的改善效果。

此外，很多时候需要添置 WMS 以及大型的搬运装卸设备。为了顺利推进对策的实施，有关构筑物流信息系统的知识

第6章 | "Step 3" 业务改善对策的实施

以及技能也是必不可少的。下一章将说明构筑物流信息系统的实践要点。

全部过程均已结束的各对策改善管理表（6-18）

试运行实绩收集整理：对策管理表、实绩数据……

对策	KPI评价视角			可否采用
1.发货单开始发行时间的变更	发货延迟率	发货准备作业的效率	客户投诉率	○
KPI 现状值	10%	20单/小时	0.15%	
KPI 目标值	1%以下	25单/小时	0.01%以下	
KPI 实绩值	2.5%	25单/小时	0%	
2.利用声音识别系统的高效分拣方法	分拣延迟率	分拣作业的效率	分拣错误率	○
KPI 现状值	10%	50件/小时	0.5%	
KPI 目标值	0%	50件/小时	0.01%以下	
KPI 实绩值	0%	70件/小时	0%	
3.采用防止掉落型发货牌	当日发货商品发货延迟率	丢失当日寻找商品的工时	当日发货牌丢失率	△ 形状等再次研讨
KPI 现状值	3.5%	0.8小时	5%	
KPI 目标值	1%以下	0小时	0%	
KPI 实绩值	1%以下	0.1小时	2.5%	
4.用显示板标明分拣货架库存补充指令	补充延迟率	补充作业效率		○
KPI 现状值	2.5%	15件/小时		
KPI 目标值	0.5%以下	15件/小时		
KPI 实绩值	0.5%	25件/小时		

195

第 7 章

物流系统的优化

第一至第六章说明了业务改善的推进方法。在第七章中，将改善结果落实到管理、执行实际业务的物流信息系统中，对落实改善的要点和推进方法进行说明。

物流中心的核心系统是仓库管理系统（WMS）、搬运装卸系统、验货系统等物流信息系统。结合物流中心的运营特点，掌握将改善成果最大化的系统化方法和具体措施。

7-1 与改善一体的物流信息系统

进行业务改善后,以改善过程中构筑的运营流程和分析结果为基础,构建各中心最适合的系统。

▶▶ 持续的改善和系统的重新评估

根据业务改善的结果调整系统,作为改善手段(工具)的系统发挥作用。但是,即便改善结束后,也需要根据新的课题以及环境的变化,随时进行业务改善和系统的重新评估。

▶▶ 能够灵活应对变化的系统

系统并不能解决所有的课题。如果想用系统解决现在所有的课题,有时反而会导致运营难度增加、作业门槛变高,系统运用的灵活性降低。因此,需要注意不要过度系统化或设备化。

▶▶ 成本效益比

"通过变更运营和改善业务解决什么问题,解决到什么程度""通过系统化改善哪些课题",除了要灵活应对变化之外,还需要注意成本效益比。也即,需要看清运营的覆盖范围、业务改善和系统化之间的平衡。预计回收投资的年数应控制在物流发生变化的年数以内。虽然也因行业、业种有所不同,但是在变化激烈的流通业,预测3年左右回收投资成本是比较常见的。

▶▶ "系统不好"?

构建系统后投入实际运营,有时会发生"现场的使用并不顺利""不能提高效率"等问题。

此时,往往会用"系统不好"一句话概括,而实际上问题的根源往往不在系统本身。很多时候原因出在系统构筑前的改善和准备过程中,如:使用系统的体制和业务改善不够充分,与商品流通部门的协调不足,对系统化的目的不够了解等。

未解决根本性问题,只想以眼前的系统解决问题,那是不可能的。对于系统化而言,重要的是与业务改善一同推进。

第7章 | 物流系统的优化

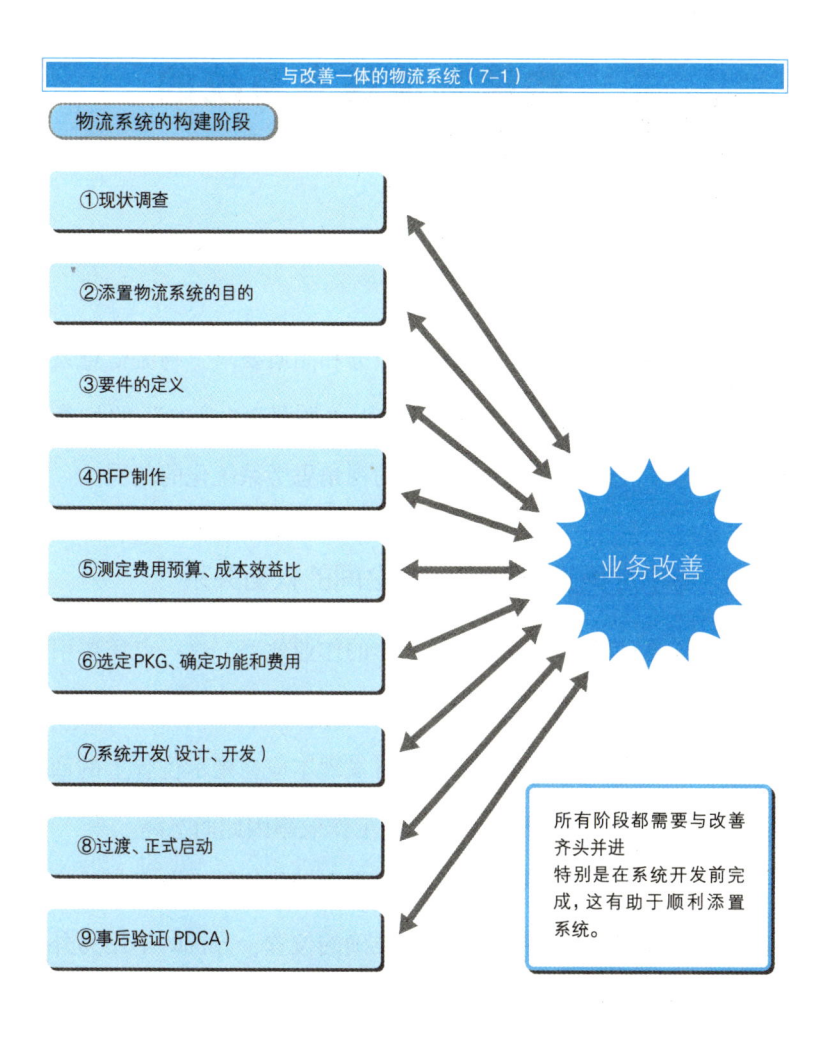

与改善一体的物流系统（7-1）

物流系统的构建阶段

① 现状调查

② 添置物流系统的目的

③ 要件的定义

④ RFP制作

⑤ 测定费用预算、成本效益比

⑥ 选定PKG、确定功能和费用

⑦ 系统开发（设计、开发）

⑧ 过渡、正式启动

⑨ 事后验证（PDCA）

业务改善

所有阶段都需要与改善齐头并进
特别是在系统开发前完成，这有助于顺利添置系统。

201

7-2 构建物流信息系统的注意点

面对多样化、高度化的物流服务和品质要求,物流信息系统应该做到什么程度呢?我们将从"质量""成本"的均衡性、未来变化的可能性、扩张性的视角思考系统化的范围。

▶▶ 追求准确性与生产效率之间的权衡关系

保证准确性,有时会降低整体的作业效率,这一点需要引起注意。

例如,因为放错货架,分拣时发现本应在指示位置上的商品没有了,这时则需要"寻找",工作效率因此而下降。

此时采取的对策是商品入库时利用无线终端设备进行扫描验货。这样一来,商品会被放入准确的位置,分拣时不用另外寻找,分拣作业的效率也就会提高。

另一方面,这项入库扫描验货本就是增加的作业,也即,增加了入库作业的成本。我们假设,每件商品的扫描以及前后作业平均需要5秒,每日入库500件商品,那么总共需要2500

秒（≈41分钟）。这项增加的入库作业时间与提高分拣作业效率之间就是权衡关系。系统化的范围需要考虑权衡关系的折中点而决定。

▶▶ 系统化前提条件变化的可能性

客户的交货时间等条件、流通加工的作业内容、发货作业量等，即便现在是系统化的前提条件，如果将来也有可能发生变化，在一些情况下，我们应该把它排除在系统化的范围之外。因为不能应对环境变化的系统化，有时其本身就是绊脚石，反而会阻碍工作效率的提高。变化的可能性、时期、内容等作为系统化的风险要素，需要事前充分调查。

▶▶ 事务性工作的效率化

系统化带来的改善效果不仅限于物流作业，还包括事务性作业和附属作业等。例如，提高发货准确率会涉及"减少更换票据等事务性工作""错误发货的投诉减少，无须电话处理"等整个业务。

▶▶ 交易方整体的效率化

收货方不进行验货的免检系统是超越单个企业的、上下游企业整体提高效率的典型系统化案例。发货中心将每单商品的发货标签（SCM 标签）和验货数据相关联，生成 ASN 数据（事前发货信息）。然后将这些数据事前发送给收货方，收货方作为入库预定数据使用。因此，有时需要探讨不仅是公司内部，而是涉及交易方整体的效率化。

物流系统"质量"和"成本"的均衡性（7-2）

事务性工作的效率化

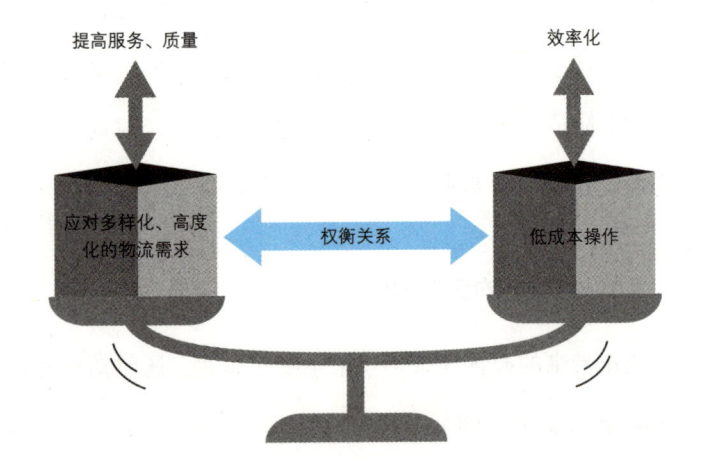

提高服务、质量　　　　　　　　　　效率化

应对多样化、高度化的物流需求　←　权衡关系　→　低成本操作

7-3 商物分离所需的物流系统

商物分离是推进物流改善和提高效率的原则。那么为什么需要分离商流和物流呢？我们从物流信息系统是如何区分商流的这一点开始说明。

▶▶ 商流和物流的区别

商流是指资金的流动，而物流正如其名，是指"物的流动"。管理商流的系统是销售管理等主系统，管理物流的系统是以 WMS（仓库管理系统）为主的物流信息系统。

▶▶ 商物分离的必要性

商物分离的目的有以下两点。

❶成本和服务水平的合理化

明确商流和物流一体化服务中产生成本的责任部门，使成本和服务水平合理化。通过削减不必要的物流成本，使经营体制更加健全。这里所指的服务是接受订单至交货的时间、交货条件以及质量。

例如，销售部门负责商品管理和配送。我们将配送作业作为物流服务，从销售活动中分离，提取销售金额（商品单价）中包含的物流费用。在此基础上，研究成本是否合理，重新评估物流服务的条件等，让物流费用合理化。QCD 合理化之后，与发货方和顾客就合理物流费用达成协议，即 SLA（服务水平约定），这是经营健全化的一个步骤。

❷物流业务外包化

物流业务外包化是指将与物流相关的业务委托（外包）给专门的物流企业 3PL[①]，并在专业物流公司的管控下，使物流费用合理化。在这个外包过程中，去掉商流管理的资金和顾客信息，只处理与商品管理相关的信息，因此需要构建专门负责物流的信息系统。

▶▶ 仓库作业效率化所需的商物分离

如果商流和物流系统没有分开，在销售管理系统中管理物流中心，那么很多是将分拣清单和票据放在一起进行分拣作业。在商流和物流一致原则下完成的作业流程，虽然能够确保

---

① 3PL 是 third-party logistics 的省略语，是将企业物流的整体或者一部分委托给第三方，而实现的物流业务形态之一。

商品和票据无误，但是作业依赖票据，在提高物流作业效率方面存在局限性。

对于这一课题，物流信息系统不仅仅按单发布作业指令，也根据现场实际需求的分拣方式发布作业指令，以提高效率。例如，将数张票据的作业汇总成一个，进行批量分拣作业[①]，由此提高效率。此外，利用无线终端系统等，不用等待分拣清单、票据、发货单的打印，能立即进行分拣，缩短接受订单至交货的时间。

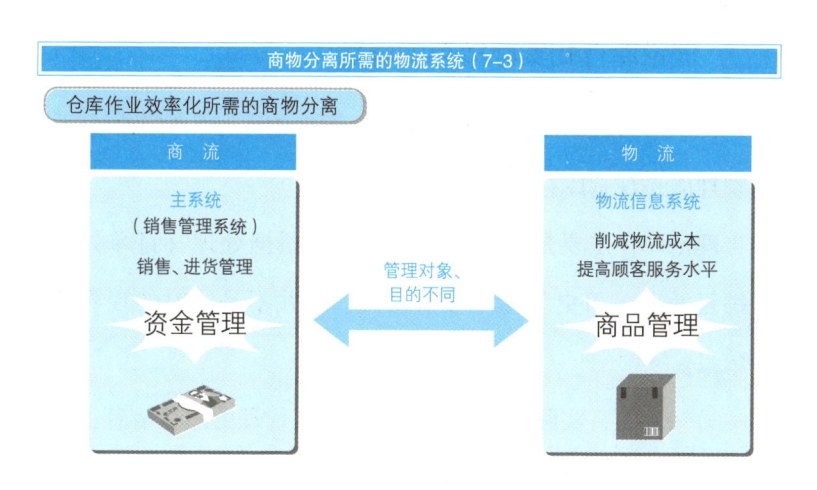

商物分离所需的物流系统（7-3）

仓库作业效率化所需的商物分离

商　流		物　流
主系统（销售管理系统）销售、进货管理 **资金管理**	←管理对象、目的不同→	**物流信息系统** 削减物流成本 提高顾客服务水平 **商品管理**

---

① **批量分拣** 分拣作业的效率化，请参照第283页的内容。

7-4 理论库存和实际库存

通过商物分离区分使用系统的结果是会有两个库存管理，即主系统管理的理论库存和物流信息系统管理的实际库存。

▶▶ 理论库存和实际库存的概念

主系统管理的是账本上的库存，即理论库存。物流信息系统管理的是现货库存，即实际库存。

理论库存主要是销售管理系统通过票据处理（订单处理和销售处理）而更新的库存信息，一般并不是实时的现货库存数量。

另一方面，实际库存是物流信息系统管理的库存信息，与现场使用的无线终端设备等联动，实时更新库存信息，反映实际库存数量。

▶▶ 库存差异是重要课题

由于数据更新时间不同，理论库存和实际库存之间有时会产生差异，导致使用时出现问题。

例如，实际已入库，并已记入实际库存，但是理论库存数据尚未更新，主系统就会显示缺货状态。反之，尚未入库的商品，在理论库存中记为已入库，而进行发货准备，向物流信息系统发出发货指令时，实际库存是缺货的。

以下是有关库存差异发生时间的案例。

❶记入库存的时间

准备发货时，主系统将预定入库数据（包括实际尚未入库的商品在内）计入拨备用库存，而物流信息系统则是实际商品入库时，以入库的实际数据记入库存。

因此，主系统的备用库存数量与物流信息系统的实际库存数量会有差异。

❷扣减库存的时间

主系统对于预定将来某日发货的商品，会做拨备处理，即将库存数量先行扣除。由于是将来某日，所以实际尚未入库的商品，也会做拨备处理，结果是即便在没有库存的状态下，也会扣减库存数量，造成库存数量为负数。

反之，物流信息系统仅对实际库存数量做发货准备，如果库存数量不足，则做缺货处理，不可能出现负库存。此外，对于预定将来某日发货的商品，在发货当日接受主系统的发货指

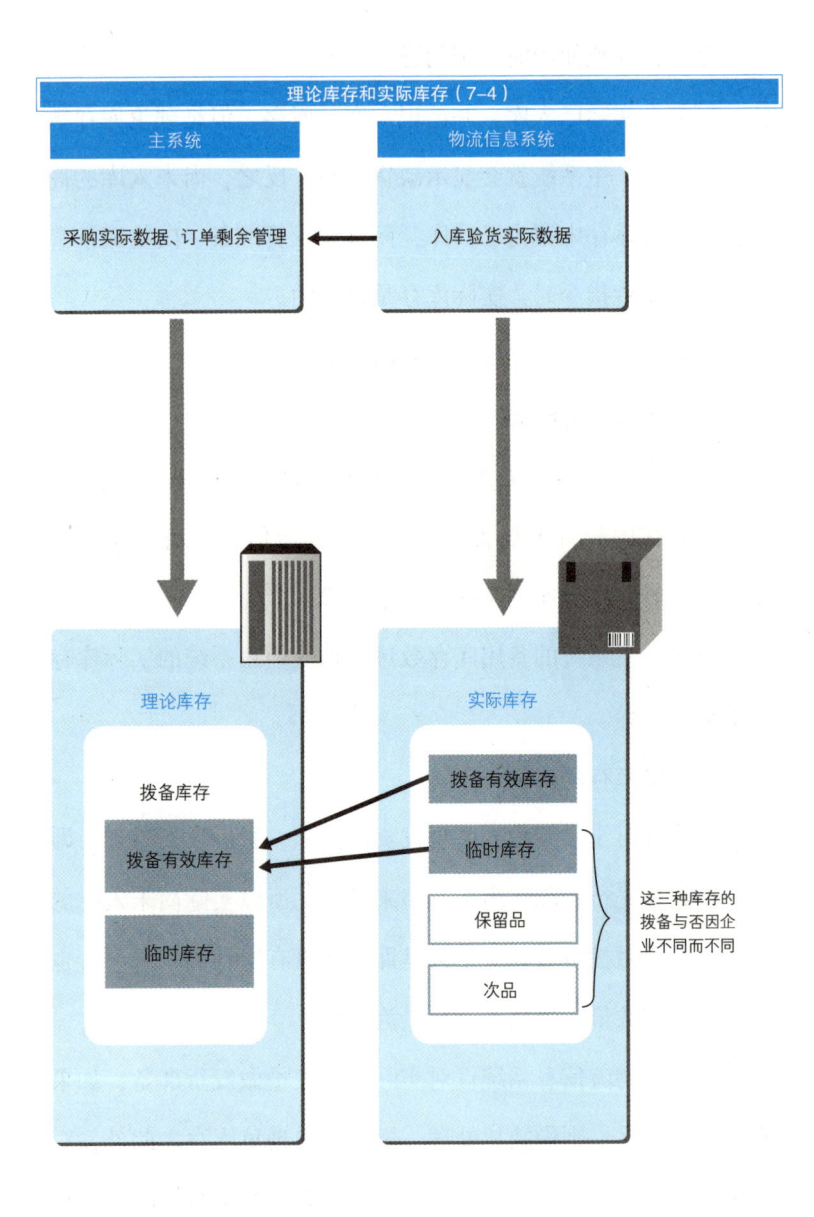

理论库存和实际库存（7-4）

主系统	物流信息系统
采购实际数据、订单剩余管理	← 入库验货实际数据

理论库存

拨备库存
- 拨备有效库存
- 临时库存

实际库存

- 拨备有效库存
- 临时库存
- 保留品
- 次品

这三种库存的拨备与否因企业不同而不同

210

令，进行准备。即便之前已经接到指令，实际库存的报备处理，也在进货、入库完成，记入库存后进行处理。

▶▶ 库存差异的修正和同步化的时间

之所以会产生这样的库存差异，是因为管理商流的主系统处理单据时并不考虑实际库存，而物流信息系统则根据实际库存进行处理，这样便产生了处理时差。

因此，现场进行入库验货的实际数据应尽可能及时地传输到主系统，然后，双方的系统根据实际数据进行准备，这是比较可行的。

主系统和物流信息系统最终达成库存的统一性是在主系统处理完所有单据、物流信息系统将所有预定数据转化为实际数据时。日常处理过程中很难达成一致，因此要么双方的系统在实际处理完毕，或者每日更新完毕后核对结果，要么在盘货时进行最终整合。此时，一般以物流信息系统的实际库存为正确数据，参照更新主系统的库存数量。

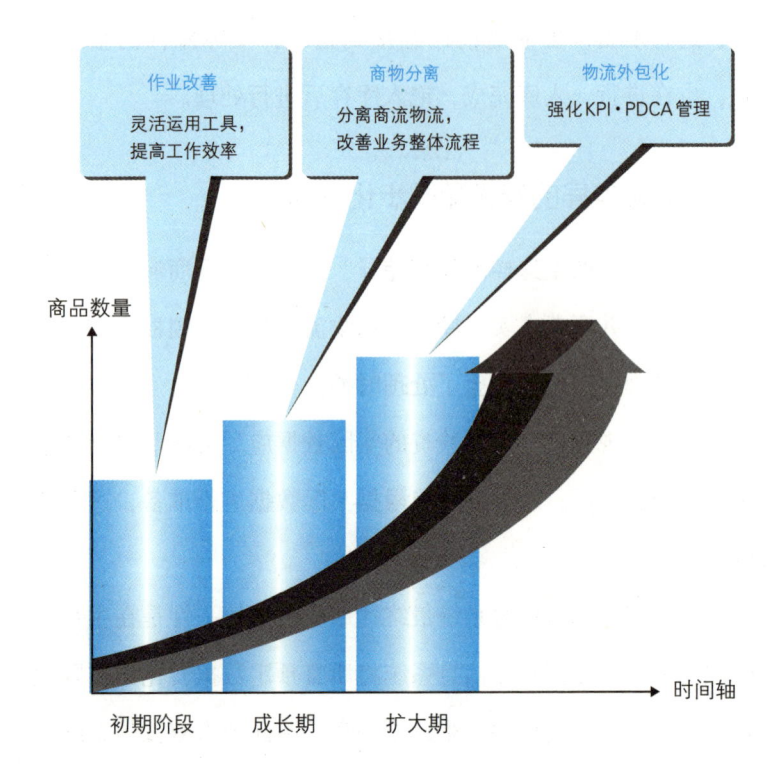

作业改善
灵活运用工具，提高工作效率

商物分离
分离商流物流，改善业务整体流程

物流外包化
强化KPI·PDCA管理

商品数量

时间轴

初期阶段　成长期　扩大期

7-5 主模块的设置

主系统和物流信息系统准确设置主模块，对于规范运营而言是非常重要的。

▶▶ 主模块的设置

主模块设置"商品""客户""收货方""进货方"等基本信息。主模块的设置是运营的基本，需要统一项目名、记载方法以及信息的设定标准，并进行构建和维护，以防止主系统和物流信息系统的协作出现问题。

为让两者具有一致性，主要是由主系统录入、维护主模块，物流信息系统则以该主模块为规范，进行协作。此时，主系统向物流信息系统传输的信息限定为"商品码""商品名""包装""数量"等对于物流业务而言必不可少的项目，不够的信息则由物流信息系统进行编辑。

▶▶ **商品主模块**

　　主系统和物流信息系统协作的最重要内容是商品的主模块。这些基本信息能防止系统协作时出现不一致的问题。以公司内部编码（私人编码、室内编码）、条形码以及客户编码等商品特定代码为主，也包含商品名称、规格等详细信息。物流信息系统录入各商品的特殊信息——包装、日期条件等。

　　主系统和物流信息系统之间发生不一致的原因之一是各企业的商品主模块各不相同。关于商品主模块项目的种类和名称，各企业有不同的版本，其内容也各不相同。例如，有的企业单固有的"构成品模块"就超过数千条。由于固有主模块各不相同，标准云系统、软件包很难应对物流业务的运转，各企业需要进行量身定制。

▶▶ **商品码**

　　关于商品码，流通业主要以条形码为主，在不涉及一般消费品的制造行业等，主要是各家企业自行设定、管理公司内部编码。主系统和物流信息系统主要以商品编码为主，与客户和货主进行信息协作。

　　商品码的编码方式有时会导致误发货等，造成库存差异。

以下是容易引发错误的商品编码管理案例。

①更新品和旧商品使用同一个商品编码；

②用代表代码管理多个商品；

③即使数量等单位不同，商品编码也一样；

④即便是同一商品，数量和包装等也有不同。

主模块的设置（7-6）

商品主模块

商品名	规格	公司内部编码	日期逆转检查	包装	数量	温度	商品码印刷
香肠	实惠装	34567890	检查	袋装	5	冰鲜	印刷
商用薯片	大	23456789	不检查	盒装	1	常温	不印刷

7-6 物流信息系统带来的"可视化"

从"可视化"视角来看，物流信息系统发挥着与主系统大不相同的作用和功能。那么，这个"可视化"又是什么呢？

▶▶ 为什么需要"可视化"

为了改善、提高物流中心的工作效率，首先需要正确把握现状，弄清问题出在哪儿，原因是什么。物流信息系统能实时以客观数据呈现作业（成本）、进度、库存等状况，做到"可视化"。以下列出推进"可视化"的检查要点。

①作业进度：作业计划和实际状况，以及进度管理

②货架库存：各货架、各商品的"发货频率"、"库存天数"、"滞留"管理

③工作效率管理：各区域、各货架、各商品、各收货方、各人的作业实际状况（数量和频率）管理

▶▶ 作业进度的可视化

为了让作业进度可视化，从进货到发货的所有工序都利用手持式终端和语音识别系统等无线终端设备，将作业计划和实际成果全部数据化。这样可以尽早发现工作计划的延迟，采取调整员工配置和安排配送等对策。

▶▶ 货架库存的可视化

与作业进度管理一样，从进货到发货利用无线终端设备，进行精准、实时的货架库存管理，提高工作效率。例如，根据实时更新的货架库存信息，发布分拣指令，作业现场就不用到处寻找商品，从而迅速完成工作。

此外，库存差异发生时，也能通过追踪实际数据，迅速锁定原因，弄清"哪儿发生了失误"。

▶▶ 工作效率的可视化

以数据呈现作业的实际状况，能客观判断工作效率。此外，也能事前设置与商品数量相符的人员计划。

生产效率低下时，可以作为分析原因的原始数据使用。例如，采取"分析导致分拣作业效率低下的商品的发货频率，变更货架设置"等对策。即使分拣作业效率较高，但是如果因为打包作业效率低下导致发货延迟，也可以作为重新评估瓶颈[①]的包装作业、探讨机械化的材料。

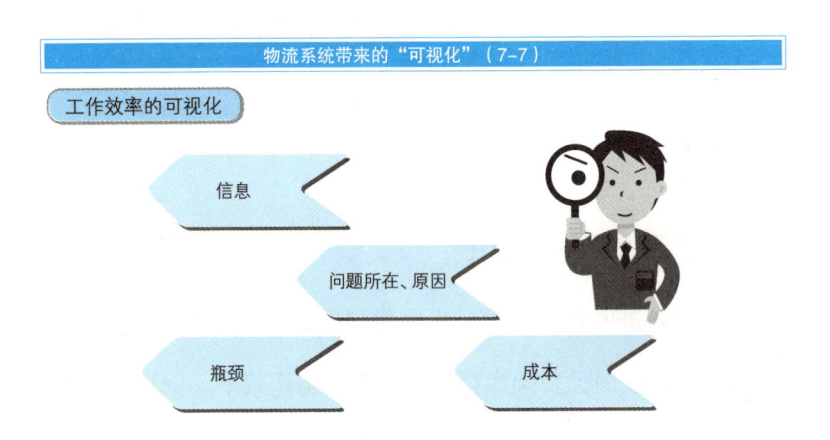

物流系统带来的"可视化"（7-7）

工作效率的可视化

- 信息
- 问题所在、原因
- 瓶颈
- 成本

---

① **瓶颈** 请参照7-9的内容。

7-7 系统中"看不到"的作业工时

不可能在工作终端将所有的作业都可视化。但是，这些看不到的工作也必须用数据呈现，并与工作整体的效率化关联起来。

▶▶ "看不到"的作业

物流信息系统利用手持式无线终端设备等将作业的实际状况用数据表现出来，实现可视化。但是，并不是所有的作业都能通过终端设备数据化。

例如，入库后的入库作业、入库作业后转入出库作业这一不同工序时，或者同一工序内拆分作业时，会出现终端无法通过数据把握的"行走""等待"等时间。

此外，进行分拣作业时，如果是在两个作业区域内接力进行分拣，会产生转交给下一个员工的时间，以及作业进度不同时的"等待"时间。因此，即便为了缩短单个员工的动线、提高效率，而采取接力式作业的方式，但结果有时反而会产生时间损耗。这样一来，即便局部性将某个作业的效率提高到极致，也会在下一项作业中受阻，并不能整体提高效率。这个时间损耗也无法通过数据呈现。

▶▶ 总作业时间的最优化

为了提高包括"等待"时间、"步行"时间在内的物流中心整体的作业效率，必须将包括系统无法计算的作业在内的总时间控制在最少。因此，需要将分拣之间的空闲时间，以及最后前往的分拣货架和接下来要去的区域之间的距离等"可视化"，并进行分析。

▶▶ 工作管理系统

对看得到的作业和看不到的作业等所有工作进行实绩管理，制定每天的工作计划，通过设立生产效率的指标，进一步进行改善活动并加以管理的系统被称为工作管理系统（LMS）。关于 LMS 的功能，日本的 WMS 供应商中能够完全做成软件包的还很少，而实际安装该系统的物流中心也不多。在物流信息系统外定期进行物流 ABC 和分析，改变业务流程，优化货架设置以及调整拣货方式，对物流中心的改善很重要。

第7章 | 物流系统的优化

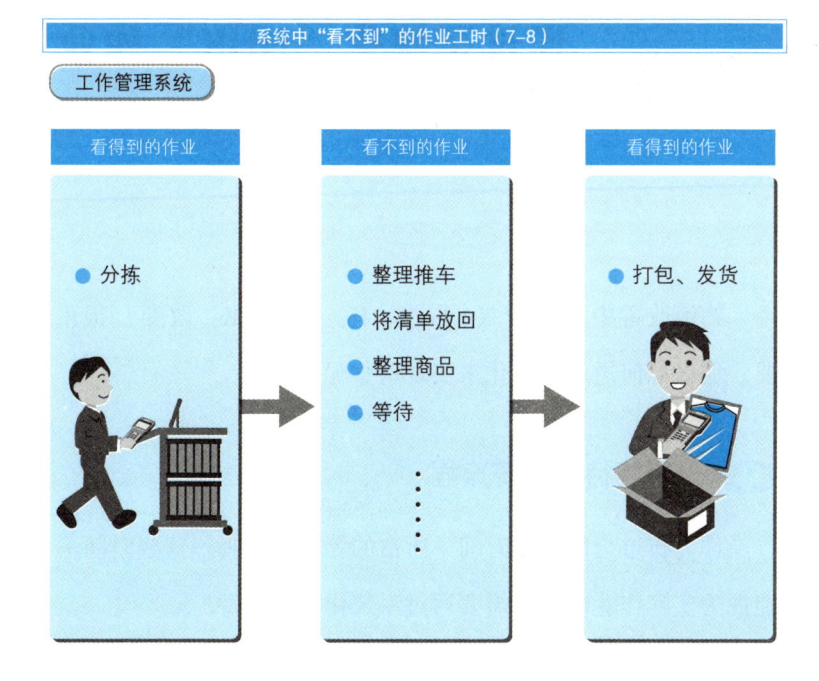

系统中"看不到"的作业工时（7-8）

工作管理系统

看得到的作业	看不到的作业	看得到的作业
● 分拣	● 整理推车 ● 将清单放回 ● 整理商品 ● 等待 ⋮	● 打包、发货

221

7-8 通过系统化"NHK"作业时间

物流改善中 NHK（N：取消，H：减少，K：改变）很重要。那么如何通过系统化来实现这些呢？

▶▶ 无需等待的系统流程

你分析过全部作业时间中所占的等待时间吗？这些时间不能视为实际作业时间，需要通过系统化来"消除"。

例如，到货后需要立即发货的商品，如果必须进行货架编号登记，那么负责出库的员工必须等待负责入库的员工完成作业。此外，即便由一个人完成入库、出库操作，也必须进行无谓的入库作业。对于这些到货后立即发货的商品，可以通过到货验货时同时发布出库指令，省却无须进行的入库作业和分拣作业。但是，如果需要通过入库登记来进行日期和批次管理，安排优先顺序，那么入库作业是不能省略的。

▶▶ 员工的合理配置

特定的某项作业安排太多员工，或者工作集中于某个特定的时间段，那么等待时间就会增加，工作效率会降低。因此，通过系统的"可视化"实时管理作业进度，根据作业量和进度安排合适的人员数量，发布作业指令，就能减少无谓的等待时间，提高效率。

▶▶ 减少事务办公室的录入（Input）和打印（Output）工作

利用信息终端设备能在现场生成实际数据，减少事务办公室的录入工作。例如，将发货清单改为无线终端操作，现场完成工作实绩的数据化，事务办公室就不用再输入了。此外，将发货单改为标签，现场打印，事务办公室就不用打印了。

▶▶ 减少重复作业

例如，分拣时进行了验货，但在配货中心的最后打包阶段会再次验货。削减这样的重复作业，改为只需要一次检验就可以完成操作流程。

通过系统化"NHK"作业时间(7-9)

减少重复作业

● AS-IS

事务办公室 — 分拣清单 → 输入实际数据 → 打印交货单、发货单

现场 — 分拣清单

● TO-BE

事务办公室 — 进度管理

现场 — 无线终端设备、打印标签

7-9 通过系统化"NHK"瓶颈作业和有争议的工序

提高效率的要点是瓶颈作业和有争议工序的"NHK"。那么，如何通过系统化实现呢？

▶▶ 瓶颈的效率化

所谓瓶颈是指所有作业中效率最低的作业，或者阻碍其他作业进展的作业。为了提高整体的效率，需要采取对策，提高瓶颈作业的效率。

❶效率化的案例

物流中心的作业中，如果分拣作业所占的工时数最大，那就提高分拣作业的效率，或者排除阻碍效率化的因素。

例如，分拣时"寻找商品"是阻碍效率提高的主要原因，那么需要在发货前完成进货、入库，并备齐发货数量。此外，如果分拣时的冗长动线是降低效率的主要原因，则需要实时进行商品的发货分析，合理配置货架。

通过系统化"NHK"瓶颈作业（7-10）

瓶颈作业的案例：打包作业效率最低

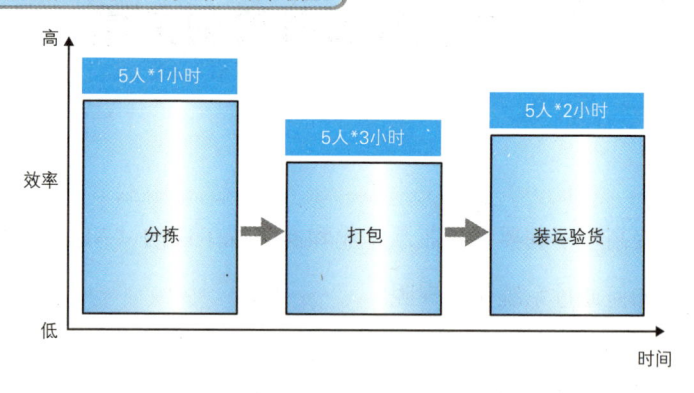

```
高
↑
效率    5人*1小时
        ┌──────┐           5人*2小时
        │      │  5人*3小时  ┌──────┐
        │ 分拣 │→ ┌────┐ → │装运验货│
        │      │  │打包│    │      │
        │      │  └────┘    │      │
低      └──────┘             └──────┘
                                      → 时间
```

作业整体进度被效率最低的"打包"作业拖慢（卡在打包工序）

↓

对策案例

N　取消：　取消打包工序
　　　　　例如：事先计算容积、选好瓦楞纸箱，而后直接分拣放入纸箱

H　减少：　减少打包作业
　　　　　例如：使用一键就能组装纸箱的材料，将胶带封条从2条减少为1条

K　改变：　改变作业方法
　　　　　例如：使用打包机提高效率

❷ **阻碍其他作业进度的案例**

例如，分拣作业与其后的打包作业相关。如果分拣作业效

率很高，但是打包作业效率低下，结果发货时就卡住了。此时采取的对策是提高打包作业的效率，或者将分拣员工调度去打包，不让工序卡住。此外，为了提高打包作业的工作效率，可以利用自动打包机、标签自动粘贴机或者广告页自动夹入机等设备，这些方法也比较有效。

H 减少

N 取消

K 改变

>> 削减有争议的工序

有争议的工序是指作业流程中需要做，但实际意义不大的工序。这类工序越多，整体作业进展越慢。应尽可能减少从入库到出库为止的工序。

通过系统化"NHK"有争议的工序（7-12）

削减有争议的工序：B2C中心分拣、打包、发货工序的改善案例

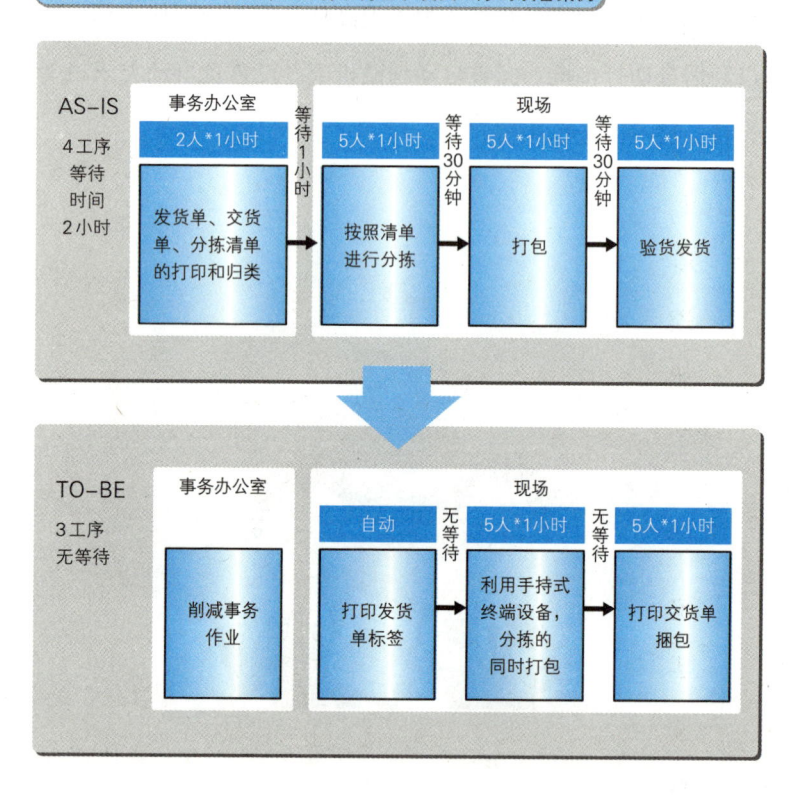

AS-IS
4工序
等待时间
2小时

	事务办公室		现场				
	2人*1小时	等待1小时	5人*1小时	等待30分钟	5人*1小时	等待30分钟	5人*1小时
	发货单、交货单、分拣清单的打印和归类	→	按照清单进行分拣	→	打包	→	验货发货

↓

TO-BE
3工序
无等待

	事务办公室		现场			
			自动	无等待	5人*1小时	无等待	5人*1小时
	削减事务作业		打印发货单标签	→	利用手持式终端设备，分拣的同时打包	→	打印交货单捆包

例如，"完全没有必要给所有商品张贴条形码，却在入库前张贴""没有必要对所有商品进行验货，却在到货时逐一检查"等是造成作业流程缓慢的主要原因。因此，有必要讨论能否削减这些工序。

7-10 通过系统化"NHK"思考和迷茫

如何通过系统化提高那些需要"思考"、令人"迷茫"的作业的效率呢?这也是系统化的"NHK"课题之一。

▶▶ 排除需要判断的作业

无法判断时,员工会"思考"或者"请教他人",作业因此而停滞。为了避免浪费时间,将需要现场员工判断的作业进行整理,加以系统化。

需要判断的工作如下。

①到货时超过了订单数量能收下吗?不足时怎么办?
②收到没有订购的商品时,怎么处理?
③不可退货的商品是否可以受理?
④能否进行报废处理?
⑤空闲时间做什么?

无须员工做判断,现场只需要按照无线终端设备画面提示的内容如实录入就能推进工作。

针对以上问题，系统化解决的方法如下。

①到货过多（超出订单数量）时发出警报，停止作业。到货过少时，在终端设备的输入页面订正数量。

②没有订购的商品无法录入，交由订货负责人处理。

③退货受理只能录入能退货的商品。

④报废商品不能在终端设备操作，去除终端设备的录入界面，只能通过电脑录入。

⑤将工作计划和进度实时可视化，以便及时下达下一步的作业指令。

▶▶ "无须思考""不会迷茫"的库存位置管理

通过系统化消除"思考"和"迷茫"。工作时迷茫、思考会导致作业堆积、效率低下。也会成为工作压力，降低工作积极性。为了消除导致"思考""迷茫"的因素，提高工作效率，需要建立机制，让大家都一目了然，而不是只有专业人员才能处理。因此，系统需要通过货架编号、位置编号①管理所有商品的保管场所，所有的工作和指令都用这个位置号码来

---

① 位置编号请参照8-2、8-3的内容。

第7章 | 物流系统的优化

表示。

例如,入库时系统使用位置编号指示货架位置,员工按照指令正确进行入库登记,接下来进行出库作业的员工就能毫不犹豫地准确取出商品。这就是库存位置管理。

通过系统化"NHK"思考和迷茫(7-13)

"无须思考""不会迷茫"的库存位置管理

无法判断!
工作停滞
工作积极性降低

正确录入商品的信息
工作顺利推进
工作积极性增加

7-11 通过物流信息系统化实现"无步行"

物流中心可以去除最多的是"步行"时间。那么"无步行"的物流信息系统是怎样的呢？

▶▶ 步行时间

步行时间长会导致工作效率的降低。例如，分拣3件商品，某个区域需要步行10米，另一个区域只需要5米，那么后者的效率就是前者的2倍。尽可能缩短单项作业的步行距离，在步行范围内安排尽可能多的作业，有助于提高作业效率。

❶区域间的步行距离

工作流程中，一个人横跨到货区域、发货区域以及配货区域时，步行距离变长，效率会降低。一个人原则上在一个区域内作业，当需要将商品从一个区域搬到另一区域时，可以分别安排员工，或者采取流水作业的方式，缩短步行距离。

如果是到货，则分别在到货区域安排到货检验员工，在保管区域安排入库作业员工，进行流水作业。如果是发货，则分别在各区域进行分拣，而后以接力方式或者配货方式完成各单商品的操作。

❷**区域内的步行距离**

操作区域狭小，发货频率越高，步行距离就会越短，工作效率因此提高。进行发货频率分析，在特定的区域内固定放置A类商品，则可以提高工作效率。但是，如果同一通道上的高频商品过多，则会造成拥堵，反而导致效率降低。因此，在区域内需要做到一定程度的分散。

▶▶ "无步行"作业指令

为了缩短这样的步行时间，需要发布能在最短距离内移动的作业指令。物流中心的分拣作业需要的工时数最多，因此需要批量处理出库指令，让分拣动线最短。

例如，分批选择或设定根据商品数量、种类、收货人汇总单个区域内的发货指令，而后批量处理，或者汇总多个订单后一并批量分拣或总分拣。

通过物流信息系统化实现"无步行"（7-14）

等待时间和步行时间的缩短将产生巨大的效果！

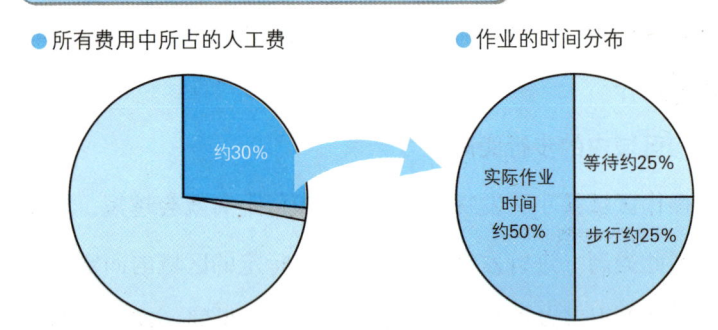

● 所有费用中所占的人工费　　约30%

● 作业的时间分布
- 实际作业时间 约50%
- 等待约25%
- 步行约25%

● 作业时间分析案例

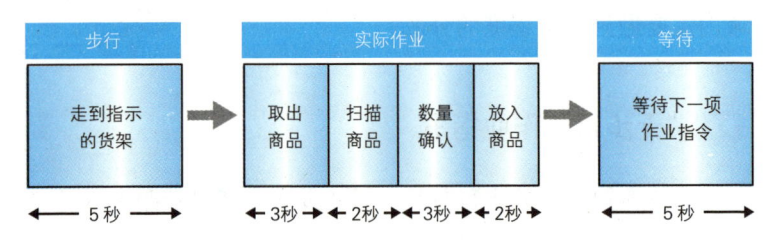

步行	实际作业	等待
走到指示的货架	取出商品 / 扫描商品 / 数量确认 / 放入商品	等待下一项作业指令
5秒	3秒 / 2秒 / 3秒 / 2秒	5秒

7-12 管理工作进度

为了顺利推进物流中心内的各项作业,需要比较作业计划与实际进展,管理作业进度。

▶▶ 管理作业现场

物流中心必须高效、及时地完成从商品的入库、保管至发货的各种各样、内容广泛的作业,同时做到成本和服务的均衡性。因此需要使所有的作业平均化、标准化、简单化,在谁都能做的基础上,设定计划,管理进度。物流信息系统需要具备作业管理功能,以让作业顺利进行。

此外,这个管理方法也被称作 PDCA 循环,即作业计划(Plan)、作业进度管理(Do)、作业效率管理(Check)、改善(Action)的循环。

▶▶ 作业管理的内容

接下来介绍作业管理的主要内容。管理的要点是一元化管理从计划至实施为止的所有流程，以改善QCD。

❶作业计划

例如，根据物流信息系统保存的以往的到货数据和发货数据，预测作业量，设立到货作业计划和发货作业计划。配置员工、安排作业时间和流程，并进行PDCA管理，提高计划的准确度。通过做到作业无等待，提高效率，缩短交货周期。

❷作业进度的可视化

通过实时作业进度尽早发现瓶颈所在，及时改变人员配置，让物流中心整体作业高效运行。

例如，为了着手发货作业，必须先等待商品入库完成，此时，采取将员工调配至入库区域的对策，以尽快完成未入库商品的入库作业。

❸作业效率的可视化

使用具备自动识别功能的手持无线终端设备提高工作的准确度。工作的同时，会持续自动保存下各个人、各项作业、各区域、各收货方、各供应商的工作效率数据，这些可以作为根据商品数量、作业效率设置人员配备计划以及提高工作效率的指标，加以使用。此外，如果作业效率降低，可以将其原因作为改善对象，加以分析。

管理作业进度（7-15）

管理作业进度

Plan	Do	Check	Action
作业计划	作业进度管理	管理生产效率	改善
入库计划	实际入库	区域	Q 品质
发货计划	实际出库	作业	C 成本
		发货方	D 交货期
		个人	

7-13 通过库存可视化合理订货

通过准确把握实际库存，能够进行高准确度的订购。这是库存合理化的基础。

▶▶ 实现合理库存的前提是"库存的可视化"

合理库存的前提是进行合理的订货。进行合理订货，需要及时了解准确的入库信息、出库信息以及库存信息。如果不能掌握准确的库存情况，订购负责人很难适时合理订货，稍有判断失误就会造成订购过剩或者缺货。物流信息系统中能够及时"看到"准确的库存数据，这是判断订货时最最重要的。

▶▶ 库存合理化的发展

日本提出"SCM"[①]已经很久了，但是事实上从制造业到零售业很少有企业能有始有终地做好库存管理。

---

① SCM 是 Supply Chain Management 的省略语，是通过整合与供给相关的活动，提高经营成果的管理方式。

例如，POS 机的销售信息并不直接提供给制造商拟定生产计划，也不提供给批发商设定库存计划，大部分都需要各行业自行预测需求，制订订购计划，分开管理生产和库存。

零售业一般向供应商提出高交货率、不允许逆转日期等条件，其结果，发挥调节中间流通库存功能的物流中心既不能缺货也不能库存过多，因此合理的库存数量管理就成了重要的课题。

▶▶ 流通业的库存管理

最近，为了减少店铺的机会损失，即"Chance Loss"，零售行业中备有自己的库存并进行库存管理的公司在不断增加。

为了减少中间流通库存，需要管理库存，提高订购的准确度。过去是凭经验和直觉进行订货，现在则是分析过往数据，从统计学角度进行计算预测，以备订货时使用。为了获得这些数据，添置需求预测系统的企业也在增加。在"需求预测系统"中，只有收集齐及时、准确的库存信息、入库计划和实际信息、出库计划和实际信息等，才能进行准确的预测。如果分析对象的数据不准确，是不可能得出准确结果的。

▶▶ 必要的时候调配必要数量的必要商品

准确把握库存信息，在需求预测数据的基础上，考虑交货周期、最大库存以及实际发货量的变化，就能进行及时的不定期不定量订购。特别是对于需要建立合理库存，以满足消费者需求的中间流通业者而言，这是库存合理化的有效方法。

通过库存可视化合理订货（7-16）

不定期不定量订购，建立合理库存

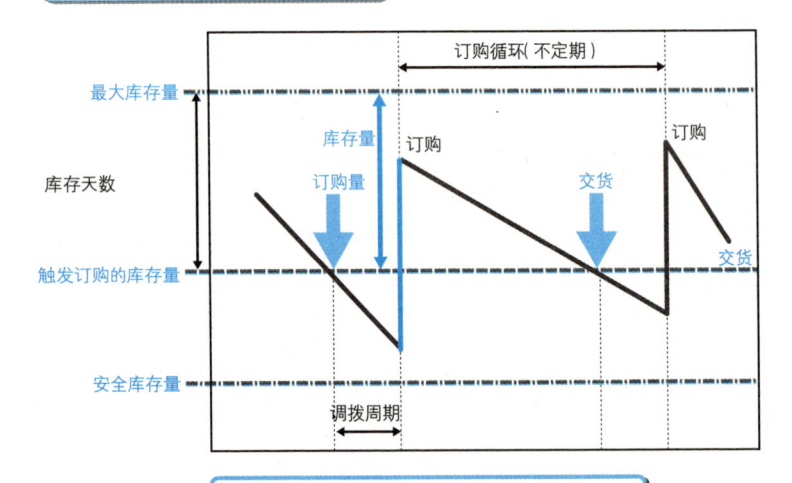

- 根据需求预测随时调整触发订购的库存量。
- 根据实际发货数量的变化进行订购。

7-14 应对提高物流服务和品质的需求

近年来，对于物流服务和质量的要求，变得非常严格且复杂，特别是对可追溯性、鲜度管理、品质管理提出了更高的要求。

▶▶ 对物流提出的服务和品质管理要求的复杂化

对物流提出的服务、品质要求与工作效率化是相背反的要素。为了实现一方，必须牺牲另一方，即二律背反的关系。但是，现实中却要求物流现场同时实现这两个相背反的要素。接下来，举出近年来对物流提出的、具有代表性的服务和品质要求，说明物流信息系统是如何发挥作用的。

▶▶ 可追溯性和鲜度管理

不论是食品领域还是机械设备领域，对可追溯性的要求都越来越高。为了食品安全、追踪次品、弄清商品的生产责任等，要求从生产地、厂商至消费者的所有流通过程都能进行追踪。

实际上，在商品流通的物流现场，从进货到库存管理、发货的所有工序都必须实现生产批次管理、序列号管理、生产日期管理、保质期管理等。商品与信息的一体化是必要的。

但是，如果人工输入这些信息，则会耗费大量的时间，导致成本增加。因此，在物流现场使用能够录入信息的手持终端设备。根据实际商品输入信息，或者确定预定信息，将批次信息等数据化，打印条形码贴纸，并进行粘贴。批次信息与库存位置信息相关联，可以进行仓库内追踪。

此外，能够获取"谁""什么时间""进行了哪项作业"等信息，与此同时，也能按个人、收货方、区域等分析工作效率。

▶▶ 系统化管理有以下三个要点

❶生产批次和序列号的管理

在实现商品追踪的过程中，从原材料的管理到生产工序、生产后的保管，都要将商品的生产批次和序列号数据化，并进行管理。

❷生产日期、保质期、有效期管理

计划购入的商品如果有生产日期、保质期、有效期等信息，到货时就能利用这些数据，减少输入的麻烦。如果没有这些数据，就需要在到货时录入。这些信息可用于发货时指定日期发货、先入先出发货。

❸日期管理

进行库存商品的期限管理和入库出库日期管理。日期管理有逆转检查，防止比上次进货、发货日期更久的商品，也有日期限制，设定距离保质期的剩余天数，超过天数的商品不发货。

在无法输入生产日期或无法管理的情况下，作为替代方案，可以用到货日进行鲜度管理。

应对提高物流服务和品质的需求（7-17）

急速成长的网络销售

批号
鲜度
商品追踪T
多样化的服务
越来越大的质量责任
当日配送

无论哪项服务都很重要！

专栏 提高资料制作技能所需的知识

明确现状调查的结果、问题点、课题（工作主题）之后，就要开始制作报告资料了。

我第一次写报告时，只有一个疑问："怎样才能制作出清晰易懂的资料呢?"为了让第一次看资料的人一眼就能看懂，以合理的结构整理想要传达的内容是很重要的。

这很大程度上依赖经验，但可以通过出版的书籍，如《幻灯片制作技巧》等获取知识，达到飞跃性的进步。

还有一种"幻灯片设计技巧"可以帮助我们将资料内容传达给对方。具体包括"字体选择""文字的设置""文字的大小和粗细""选择与想要表达的内容最适合的图表"等。

"幻灯片制作技巧"和"幻灯片设计技巧"，归根到底都只是为了将报告书的内容清晰易懂地传达给对方。不要只拘泥于格式，要为物流中心的改善发挥作用。

第 8 章

使用信息系统管理物流中心

第七章说明了用系统落实改善的要点。第八章说明运营物流中心时物流信息系统的使用方法。

8-1 通过型物流中心和库存型物流中心

物流中心按照是否具有库存保管功能分为两类。功能不同，管理方法也不同。

▶▶ 通过型物流中心（TC）

TC[①] 是不进行库存管理，所有到货商品在分类后发货的物流中心。因此不需要库存管理系统，但需要按照收货方进行分类的数字显示系统、手持终端设备验货系统等提高效率的搬运装卸设备以及验货系统。分类方法分为以下三类。

❶TC Ⅰ型

交货方（发货方）已经按照收件人、店铺进行了分类，然后向 TC 交货。物流中心按照收件人打包、装卸、配货，而后装入卡车。

❷TC Ⅱ型

交货方（发货方）向 TC 交货（一次交货）时并没有对商

[①] TC 是 Transfer Center 的省略语，也称十字码头型物流中心。

品进行分类，这些货物需要在物流中心按照收货人、店铺进行分类和配货作业，而后装入卡车。

❸混合型

也有物流中心同时进行Ⅰ型和Ⅱ型两种作业。

▶▶ 库存型物流中心（DC）

DC[①]是具备商品的库存管理功能的物流中心。为了提高商品以及作业管理的效率，必须利用物流信息系统。因此，本章主要说明DC型的效率化。

▶▶ 一次配送物流中心和专用物流中心

这类物流中心向大型超市和连锁便利店等提供配送服务。为了省却店铺收货的麻烦，一次配送物流中心汇总来自数个发货方的商品后，向店铺一次配送。此外，为了进行JIT（及时）配送，制订最佳配送路线。

▶▶ 综合型物流中心

这是指除了B2B（面向店铺和企业）的发货功能以外，也具备B2C（面向个人的网销）发货功能的物流中心。很多

---

① DC是Distribution Center的省略语。

通过型物流中心和库存型物流中心（8-1）

通过型物流中心

TC、一次配送物流中心等

到货　分类、配货　发货

库存型物流中心

DC

到货　入库、保管　分拣　配货　发货

都是在以前的 B2B 物流中心的基础上附加网销功能扩张而成，所以大部分物流中心都拥有 2 套 WMS，分别管理 B2B 和 B2C。其原因是针对 B2B 和 B2C，WMS 的发货方法、库存管理方法、

249

分拣方法有很大不同，所以不得已而采取双重管理。

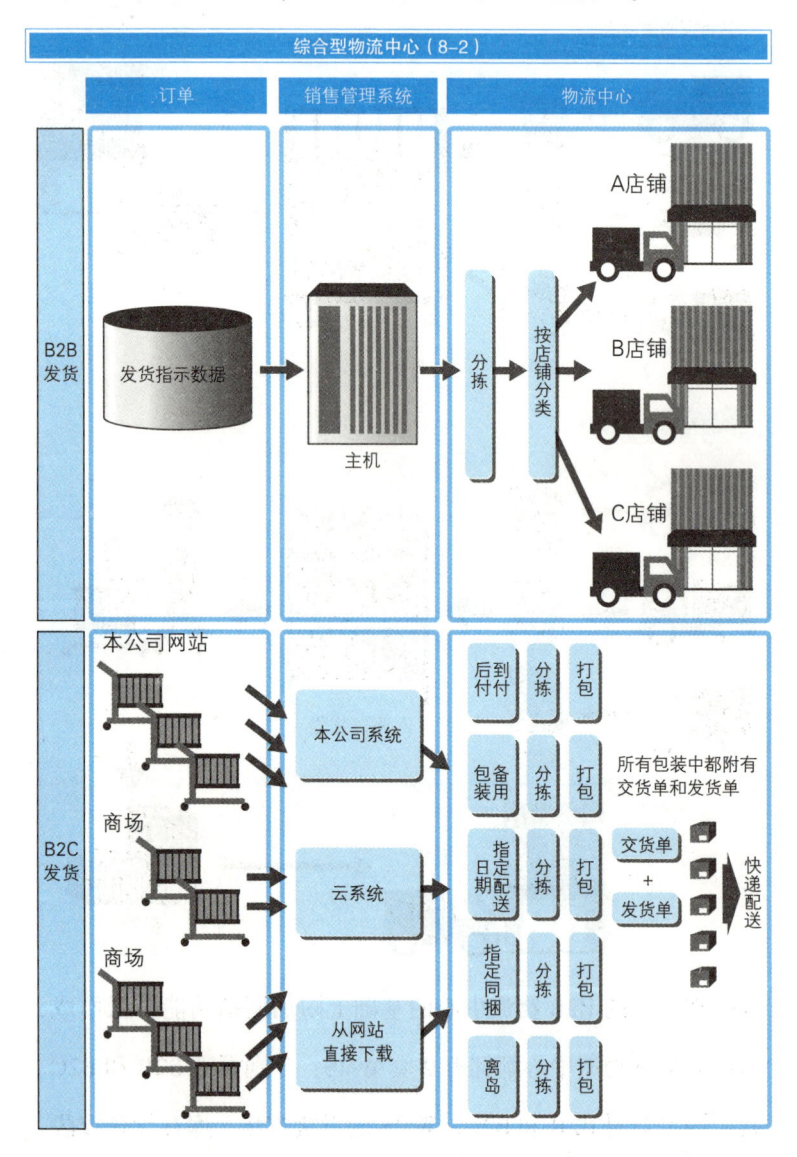

综合型物流中心（8-2）

如果从物流中心的设计阶段开始就有扩建为综合型物流中心的计划，那么可以将面向网销和企业的库存管理系统合为一个，减少库存管理的浪费，也能让发货更合理，分拣更高效。这是为综合型物流中心构筑新的物流信息系统时需要注意的地方。

8-2 物流中心运营的基本①——库存位置管理

所有的商品管理和作业指示都通过位置编号进行，这样的话，作业就可"任何人都能完成"。这是物流信息系统功能的主干部分。

▶▶ 作业的基本信息

为了让库内作业简单化，入库、出库、盘货等所有作业都通过位置编号发出指示，进行处理。通过设定各类商品的位置编号，让即便不是拥有丰富商品知识的熟练员工，也能毫不犹豫地正确操作。

位置编号首先需要设置列、个等，然后根据分拣动线编号，提高分拣作业的效率。

▶▶ 位置的层级

以下是构成位置的单位的常用称呼。不同的物流中心有时也有不同的称呼。

第8章｜使用信息系统管理物流中心

❶仓库

位置的最大单位是仓库。如果有多个仓库，那么每个仓库的位置不同，有必要分别进行位置登记。

❷区域

指在仓库中划分出的某个区域。按照搬运装卸设备、作业方式区分的区域，按照货主、保管形态区分的区域等等，区分管理、使用。

物流中心运营的基本1——库存位置管理（8-3）

位置管理

哪个商品在哪儿有几件？

谁都能精准掌握哪个商品在哪儿有几件。

253

❸列

货架纵向一列的单位为列。

❹个

一列中的一个个货架叫个。

❺层

单个货架的各行叫层。一般从下往上数分别为第一层、第二层……

❻格

位置编号的最小单位。各层中不同类商品的编号叫格。

8-3 物流中心运营的基本 ②——库存位置编号方法

让我们实际给货架编号吧。采取能提高发货作业效率的编号方法很重要。

▶▶ 设定位置编号的顺序

仓库内作业的方法和规则最优先考虑如何高效地进行发货作业。因此,关于位置编号的编制顺序,也要考虑移动距离长的作业,特别是分拣作业的步行顺序。位置的第一个号码就是开始分拣的地方。

例如,用分拣推车进行作业,我们将离推车放置处最近的地方作为起始地点,即位置编号开始的地方。分拣完成后,将商品放在传输带运输的地方作为最终位置编号。

▶▶ 分拣区域的位置编号方法

分拣路线大致可以分为单向分拣和 Z 形分拣两类。

单向分拣是指"从前进方向的左侧开始分拣"等,仅从一侧货架分拣的方法。这是按照顺序逐列分拣的单向作业，但是因为要在同一条通道上往返，所以步行距离变长。

Z形分拣是按照前进方向从左右两侧的货架依次分拣的方式。由于一次步行能分拣 2 列货架，所以比单向分拣的效率高。

单向分拣和 Z 形分拣的编号方式不同。关于编号，请参照图 8-4。

▶▶ 显示的位置编号为容易记住的位数

所以作业都通过位置编号发出指令。因此，编号方法应让员工能马上联想到具体位置，这样可以提高工作效率。

人只看一眼就能联想起位置的位数为 3—4 位。印刷的发货清单上，应省略仓库码和区域码，只显示列、个、层、格，或者加粗显示。

▶▶ 位置编号用条形码打印

利用条形码可以省却人工录入，还能做到无差错，所以位置编号也是打印条形码后粘贴。对于不易粘贴的货架，要尽量贴在能够扫描且比较容易扫描的地方。

另外，为了应对货架移动等问题，使用磁石等容易重新张贴的素材，或者在货架上安装能放入位置编号牌子的口袋。

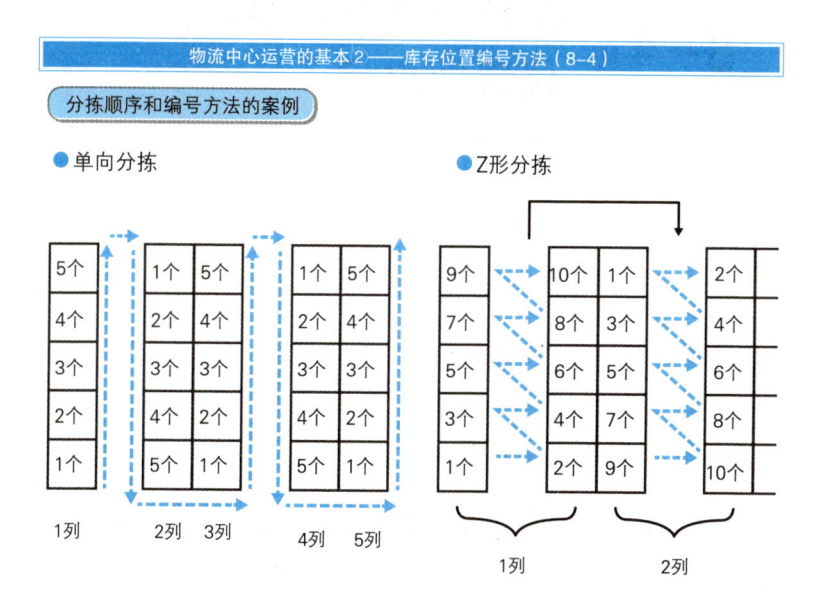

物流中心运营的基本②——库存位置编号方法（8-4）

分拣顺序和编号方法的案例

●单向分拣

5个
4个
3个
2个
1个

1列

1个	5个
2个	4个
3个	3个
4个	2个
5个	1个

2列　3列

1个	5个
2个	4个
3个	3个
4个	2个
5个	1个

4列　5列

●Z形分拣

9个
7个
5个
3个
1个

10个	1个
8个	3个
6个	5个
4个	7个
2个	9个

1列

2个
4个
6个
8个
10个

2列

8-4 固定式位置和自由式位置的应用

物流中心的库存位置管理有固定式（固定位置）和自由式（不固定位置）两种。

▶▶ 库存位置信息模块

物流信息系统中有管理位置信息的模块。在这个模块中，各个位置都可以设定为固定式或自由式，因此能够进行灵活的库存位置管理。固定式的模块中，即便录入的商品库存没有了，也会保留位置信息，不会消除。而自由式的模块中，录入的商品库存没有时，位置信息就会删除，可以录入下一件商品。自由式的模块能在一个位置录入多件商品，因此保管空间的利用率比较高。

▶▶ 固定式位置管理

将一个商品固定放置于某个位置的管理方法叫作固定式位置管理。无须对商品进行批次管理或者先入先出管理，或者无须频繁重新设置位置的固定商品，采取固定位置的方式进行简单管理即可。

此外，由于固定位置管理的商品，即便库存没有了也不会删除位置信息，所以当货架上没有商品时一眼就能判断出缺货。

▶▶ 自由式位置管理

根据商品的进货单位、同一批次单位、保质期单位等，每次在一个位置登记的管理方法叫作自由式位置管理。管理的商品种类比较多，商品的更替比较快的时候，利用这种方式能提高作业效率和保管效率。当登记的商品缺货时删除记录，重新登记其他商品，这样可以流动且有效地利用商品存储空间。

只是，为了进行正确的实时库存位置管理，实际入库时需要把入库位置和商品关联起来，通过无线终端进行入库登记。如果入库时登记了错误的位置，或者忘了登记，那么库存位置信息和数量就会出错。结果会造成该有的地方没有商品，分拣时需要花时间寻找，或者尽管已经入库却无法拨备而做缺货处理等。自由式位置管理具有提高保管效率和保管质量的优点，但也需要注意这些问题。

以下是自由式位置管理的应用案例。

❶ 商品追踪

通过将批次、日期时间等信息与位置关联起来，可以将入

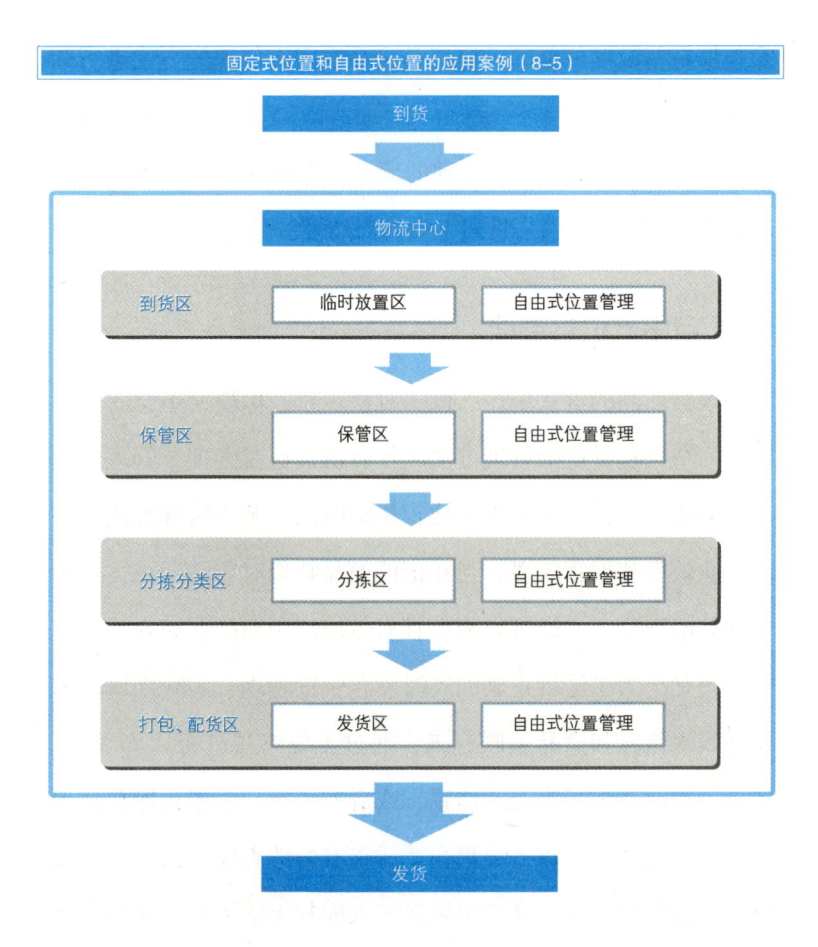

固定式位置和自由式位置的应用案例（8-5）

```
到货
 ↓
┌─────────────────────────────────────────┐
│              物流中心                     │
│  ┌─────────────────────────────────┐    │
│  到货区  │ 临时放置区 │ 自由式位置管理 │    │
│  └─────────────────────────────────┘    │
│              ↓                           │
│  ┌─────────────────────────────────┐    │
│  保管区  │ 保管区   │ 自由式位置管理 │    │
│  └─────────────────────────────────┘    │
│              ↓                           │
│  ┌─────────────────────────────────┐    │
│  分拣分类区│ 分拣区 │ 自由式位置管理 │    │
│  └─────────────────────────────────┘    │
│              ↓                           │
│  ┌─────────────────────────────────┐    │
│  打包、配货区│发货区│ 自由式位置管理 │    │
│  └─────────────────────────────────┘    │
└─────────────────────────────────────────┘
              ↓
            发货
```

库到出库为止的商品信息数据化。

❷先入先出（FIFO）

根据入库日期、生产日期、保质期等，优先向保管旧日期商品的位置拨备发货。这就是所谓的先入先出、FIFO（First In, First Out）。

❸ 保管期限短的商品的管理

对于大量到货后马上又发货的、库存量变动比较大的商品，如果采取固定式位置管理，那么为了维护保管场所，我们需要频繁地调整位置。因此，对于这些商品采取自由式位置管理，当没有库存时，其位置信息就会消除，可以存放其他商品，这样就能省却频繁调整位置的麻烦，保管效率和作业效率也会提高。

固定式位置和自由式位置的应用（8-6）

自由式位置管理

空的货架能自由存放商品

↓

放置的时候登记存放的位置信息

如果所有的商品都没有了，就可以在那个位置保存新的商品。

8-5 箱装区域和散装区域

根据商品的包装区分保管场所，提高保管作业和发货作业的效率。此外，可以避免工人和叉车的动线交错，保证库内安全。

▶▶ 箱装区域和散装区域

这是指根据发货时的包装，如箱装或散装等，区分存放区域，进行管理。

箱装区域一般使用重量架和自动式仓库等，而散装区域则是轻量架等。常用箱子或者铲板发货的商品集中于箱装区域，进行保管和分拣。散装发货的商品存放于散装区域（少量发货用区域），以提高分拣作业的效率。

使用叉车的作业集中于箱装区域，不会与员工的动线交叉，确保了安全作业。

▶▶ 根据发货数据划分区域

通过对发货实际数据（订单数据）进行 ABC 分析（发货数量分析），决定箱装区域和散装区域的配置。如果单次的平均发货数量以箱为单位或者接近于以箱为单位，那么就放在箱装区域，如果是零数（个数），则放在散装区域。

对于平均发货数量为零数，但在发货频率分析中排名靠前的商品，也放在箱装区域，在以箱子为单位分拣后按照收件人进行分拨，有时这样比较高效[①]。

▶▶ 出库指令的制作方法

利用物流信息系统制作出库指令数据时，根据是否有整箱的数量进行区分，发货数量如果可以以箱为单位的，则向箱装区域发出出库指令，不足一箱的零头数量，则向散装区域发布出库指令，按照这样的方式制作数据。

---

① B2C 物流中心。

箱装区域和散装区域（8-7）

分拣区域

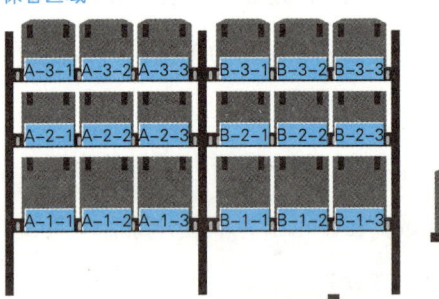

箱装区域 保管区域

用于保管的区域
主要用叉车操作

移动或者补充商品

散装区域 分拣区域

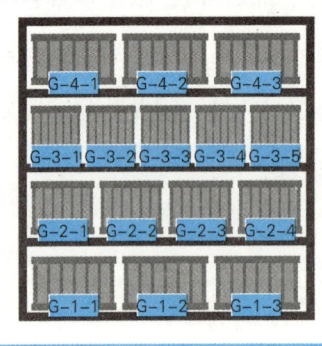

用于发货作业的区域
主要使用分拣推车等进行作业

8-6 保管区域和分拣区域

将商品保管场所分为保管区域和分拣区域，能提高分拣作业的效率。

▶▶ 保管区域和分拣区域

区域划分的目的是尽量缩小人工操作的范围，缩短步行距离，以提高分拣作业的效率。保管区域是指用于向分拣区域补充商品、专门保管箱装商品的区域。分拣区域是指进行分拣作业的区域。保管区域的包装多以箱子为单位或者铲板为单位。分拣区域的包装多为散装（单个包装）。所以也将保管区域称为箱装区域，将分拣区域称为散装区域。

▶▶ 从保管区域向分拣区域补充商品

分拣区域每天的预测发货数加上应对发货波动上升的安全库存数，而得出的库存数，被称为补充点。对于达到补充点的商品，发布补充指令，从保管区域向分拣区域补充最大库存数减去现存库存数的数量。比如在早上等固定时间定期发布补充指令的，叫做定期补充。达到补充点时进行的补充叫作紧急补充。

此处的安全库存是指单日预测发货量的偏差，也即填补预测误差的数量。如果将安全库存数设高，则分拣区域的库存量会增加，但补充商品的频率降低。如果设低，则分拣区域的库存量减少，但补充频率增加。

此外，货架格子的空间应能保管超过补充点数量（数日的量）的商品，我们将实际的格子容积率100%时的数量称为最大库存。

▶▶ 高效的运用流程

出库作业开始前，应从保管区域向分拣区域补充完毕，这样分拣时就不会缺货。

例如，上午进行到货作业，并将商品放入保管区域，然后，向分拣区域补充当日出库的商品数量，下午开始分拣。以这样的流程进行，分拣时就不会出现缺货。

▶▶ 分拣区域的商品配置

尽量缩小货架的格子，并且缩小区域，这样整体的总步行

保管区域和分拣区域（8-8）

保管区域和分拣区域面积的比例关系

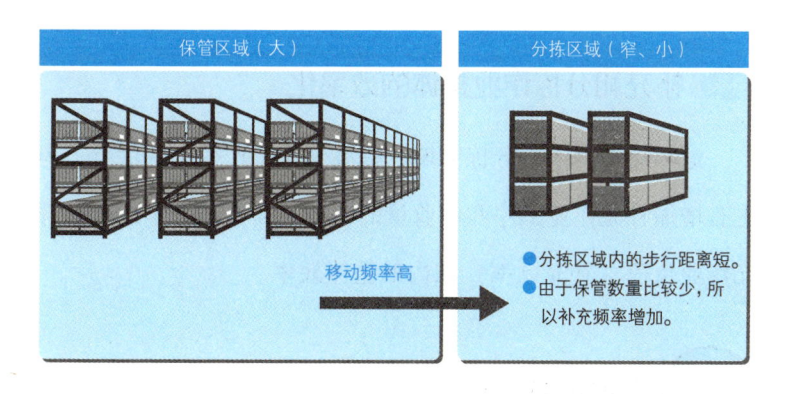

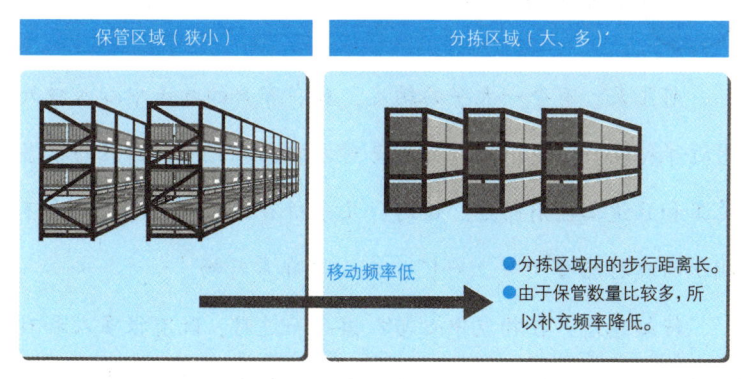

保管区域（大） → 分拣区域（窄、小）

移动频率高

- 分拣区域内的步行距离短。
- 由于保管数量比较少，所以补充频率增加。

保管区域（狭小） → 分拣区域（大、多）

移动频率低

- 分拣区域内的步行距离长。
- 由于保管数量比较多，所以补充频率降低。

距离就能缩短。格子的大小应以能保管单日预测出库量的空间为标准。如果预测数量过多，格子就会变大，结果分拣区域的面积也变大，步行距离延长，工作效率降低。反之，如果预测数量过少，分拣时就会不够，增加从保管区域的补充次数。分拣时补充商品是造成作业中断、降低工作效率的主要原因。应及时调整，根据以往的数据，提高预测的准确度，设定合理的补充点。

▶▶ 补充和分拣作业整体的效率化

这项运用有缩小分拣区域、提高分拣工作效率的优点，但也有增加补充作业工序和作业量的缺点。需要综合考虑包括补充作业负荷（补充频率）在内的整体效率。

专栏 问候的重要性

前几天，有个一大早的约定，我在客户的物流中心入口处附近等待同行人员，此时恰好是对方的上班时间，因此与很多员工和派遣工擦肩而过。这时，几乎所有的人都热情地向素不相识的我打招呼"早上好！"，我心情非常舒畅。

仔细想想，在物流中心与人擦肩而过时，既有很多人和我打招呼的现场，也有不打招呼的现场。给予问候的、有文化气息的现场，整体充满活力，大多氛围良好。而且，在货量多、不知能否赶得上当日发货的关键时刻，能感觉到他们的团结和凝聚力。

无论是在哪个行业工作，想必大家都受过不少关于"问候很重要"的指导。或许可以说,在物流现场,热情问候与否是该现场工作的员工是否乐观积极工作的一个晴雨表。

8-7 用存放位置区分商品状态

给存放位置加设某个意义，区分各种作业形态和保管形态，做好库存管理，防止工作失误。

▶▶ 区分商品状态的货架位置

根据存放区的功能设定，限制商品处理，明确作业内容，以减少业务判断，防止工作失误。按照如下方式设定特定区域，对于该区域内计入库存的商品，不进行发货处理，防止误发货。

❶退货区

将商品存放于"退货商品保管区"，能明确是退货商品，不会作为发货报备的库存使用。

下一步是设定等待报废、换货等处理的商品存放区。

❷保留商品区

将某个特定的位置设为保留商品存放区，明确在该区域存放的商品尚未区分次品和正品，防止误发货。

❸ 临时存放区

到货检验完毕、尚未安排正式存放位置前，计入临存区库存，这样不仅明确了是物流中心已经到货的商品，也明确了该区商品是已入库商品还是未入库商品。

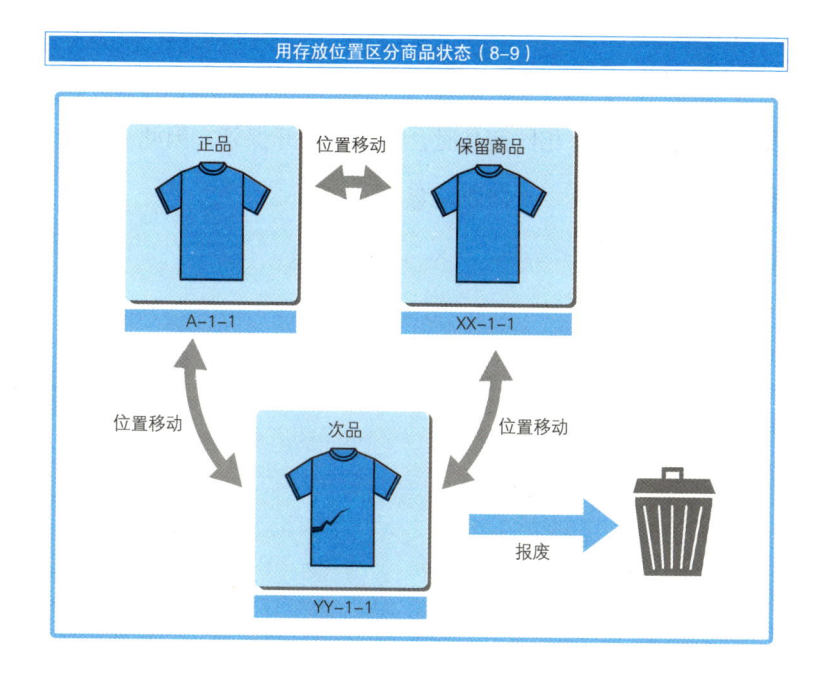

用存放位置区分商品状态（8-9）

正品 ←位置移动→ 保留商品
A-1-1　　　　　　XX-1-1

↕位置移动　　　　↕位置移动

次品
YY-1-1 →报废→🗑

▶▶ 临时存放区的应用

灵活利用临时存放区，管理报备的优先顺序，可以处理到货后需要立即发货的商品。而且，如果普通库存区域缺货时，也可作为后备库存使用。

▶▶ **按收件人设定保管区**

不同收件人的特价商品、定制商品等,与日常商品不同,为了防止误发货,需要将其保管在特定区域、特定位置,进行报备管理。

按收件人设定的库存区,有助于防止发货失误,但是,如果与其他收件人有相同商品时,也需要分开保管,因此会导致保管效率降低,这一点需要注意。

8-8 包装

物流现场管理着从到货、保管至发货的各种包装的商品。对包装的处理，有时会阻碍作业效率的提高，导致作业失误。这一点需要注意。

▶▶ 包装分析

首先确认从到货到发货为止的处理过程中是哪种包装。在物流中心，从到货到发货，选择有助于各项作业提高效率的包装形态，进行处理。

❶到货包装和保管形态

尽可能不要更改从到货到发货为止的包装，避免不必要的更换作业。但是，如果到货时的包装影响了之后的保管、发货作业的效率，则可以替换包装、重新装车。

例如，铲板包装到货的商品，直接以铲板的形态装入货架。此外，以箱子包装到货的商品，也不要打开包装，直接装入铲板，而后放入货架。

❷保管包装和发货包装的关系

从保管到发货的工序中，也尽量不要改变包装。

例如，对于箱装到货、箱装发货的商品，尽可能维持原样保管。至于散装发货的商品，从箱装区域移动或补充单日需要的数量，原则是只打开一个箱子。

❸特殊包装商品的处理

同一种商品，从到货至发货，有盒装、箱装、散装等多种包装形态的，如果发货时搞错了单位和单位数量，会导致发货数量错误。

数量错误会直接导致结算金额错误，引发激烈投诉。对于因包装及其数量不同而导致高频率误发货的商品，可以采取"集中存放于特定区域""发货时双重检查"等对策，从实际运营和系统两个方面做出应对。

⏩ 包装管理的注意点

从到货至发货的包装，通过商品模块和位置模块两个模块管理"到货单位""保管单位""发货单位"。在"单位"这一栏目，录入箱装数量（散装数量）以及发货最小单位。包装数量和发货最小单位的录入错误会导致误发货和库存差异，这一点需要注意。

包装（8-10）

包装管理的注意点

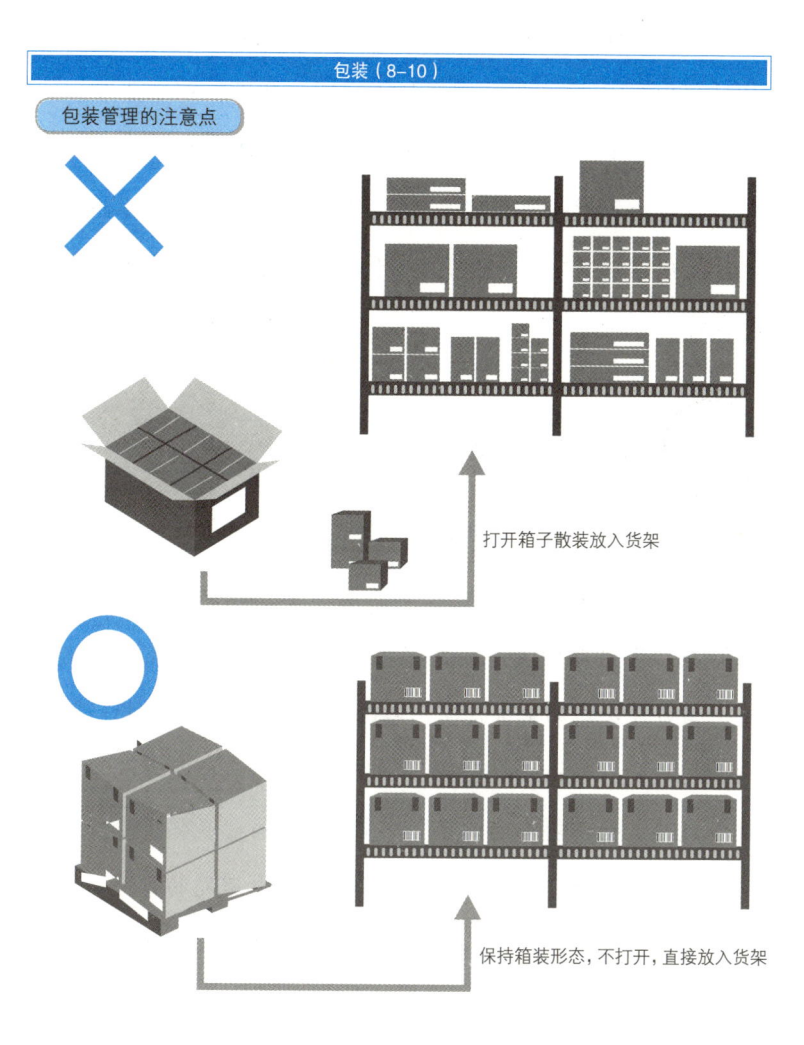

打开箱子散装放入货架

保持箱装形态,不打开,直接放入货架

这个"单位"需要根据实际商品设定包装数量，但是如果收货人对包装和包装数量的要求有不同，构建系统时则需要引起注意。例如，食品业的发货包装以 2 盒一捆（合）为单位。系统管理中设置的发货单位是2盒，给收货方的交货单上却是"1盒"，这容易让现场员工出错。此外，在制造业，到货时的包装单位是"散货"，但发货时需要改为客户使用的单位，或者成套管理零部件等，各个行业都有单位管理的问题。为了防止错误发生，系统发出的作业指令单位必须按照实际商品设定。

专栏 每日改善的意识

我对某工厂的厂区内部物流现状进行了一个月左右的分析，陪同我的是一位20岁出头的生产管理部的年轻人。那家工厂把厂区内部物流委托给了外包公司。这个年轻人的职责是，当外包公司的业务发生问题时，向与他父亲年龄相当的外包公司负责人提出指导意见，督促改善。当我问及现状课题和问题点时，他都能准确回答，非常优秀。当时我觉得他负责这方面的工作，所以很自然地养成了关注改善课题的习惯。

但是后来我发现这不是自然而然形成的，而是他不断努力的结果。他说道："我每日必定会列出一个要求外包公司或者自己身边加以改善的问题点，想到的东西会立即记录下来，真正需要改善的加以实施。"

每日提出改善方案说起来很简单，实际坚持进行可是一件非常了不起的事情。即便身体不好，没有心情，也必定会思考……和年纪轻轻就意识很高的人交谈，我的内心很有触动。

8-9 位置移动

为了提高工作效率以及仓库的利用率，通过无线终端设备当场更改商品的存放位置，能进行实时且精准的库存管理。

▶▶ 位置移动的目的

根据商品的发货频率，随时调整存放位置，能缩短分拣时的步行距离以及商品的移动距离，提高作业效率。将零散的商品集中起来，整理货架的空隙部分，能有效利用仓库面积。

▶▶ 通过无线终端实时改变位置信息

将位置变动信息带回事务办公室录入，不仅会增添事务人员的作业负担，而且有时容易发生输入错误，以及下达出货指令时新的位置信息更新延迟等问题。在商品移动的同时，当场用无线终端设备录入新的位置信息，可以防止错误发生，并实时更新位置信息，提高作业效率。

▶▶ 分拣作业的效率

比较 DC 的入库频率和出库频率，会发现出库频率一般远远高于入库频率。因此，需要根据发货频率决定商品的保管位置，将发货频率高的商品集中起来，提高分拣作业的效率。对于只有特定季节才会发货的季节性商品，仅在该季节集中保存于高频商品保管区的附近，提高分拣作业的效率。

▶▶ 仓库容纳能力

根据季节、发货量增减等变化，改变保管场所，能够避免仓库内空间的浪费。例如，把大量进货的商品放在临时存放区，以暂时保管的方式进行直接放置管理①，大量发货时，可以从这个临时存放区直接铲板包装出库，即根据商品数量进行灵活位置管理。

▶▶ 应用时的注意点

如果在进行到货、入库、出库、发货作业时，同时移动商品，那么此时的录入，有时会干扰日常作业。可以的话，希望在当日作业结束后，或者没有货流的日子进行位置移动作业。

---

① 不放入货架等，在地板上直接堆放铲板的管理方法。

此外，对于预定当日发货的商品，需要在系统进行"不可变更位置"的防护设置。

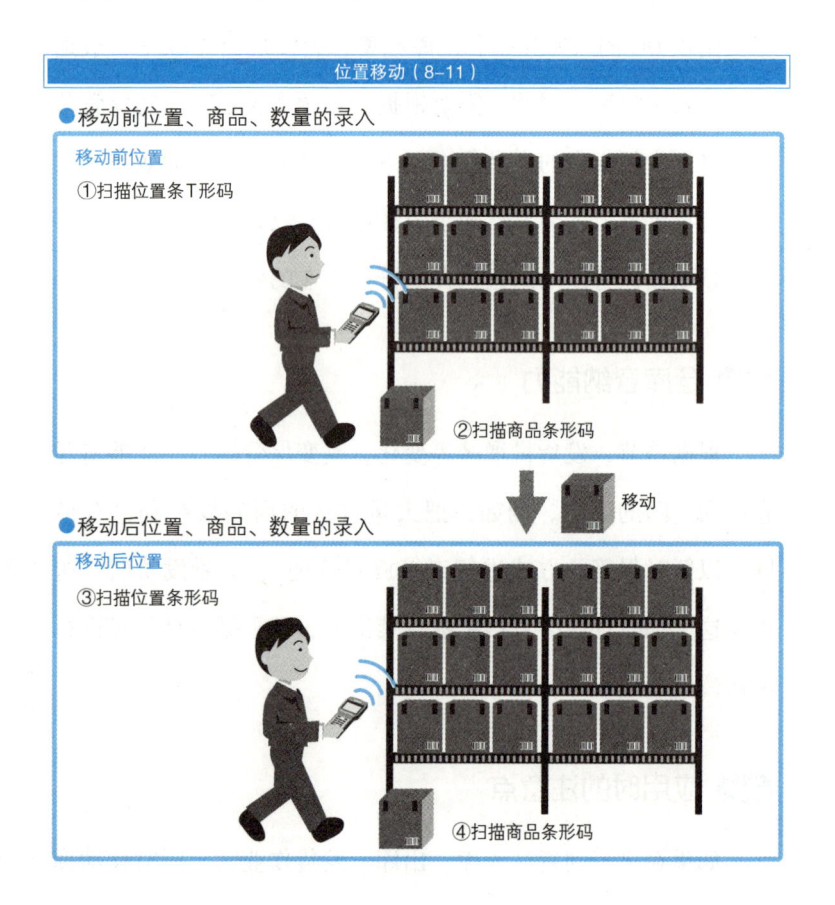

位置移动（8-11）

● 移动前位置、商品、数量的录入

移动前位置
①扫描位置条T形码
②扫描商品条形码

移动

● 移动后位置、商品、数量的录入

移动后位置
③扫描位置条形码
④扫描商品条形码

8-10 发货作业的批量处理

为了有计划地、高效地进行发货作业,按照配送路线和交货时间,将订单数据和发货指令数据,以发货作业单位的形式进行汇总,这就是作业的批量处理。

▶▶ 作业批量处理

作业批量处理,是在考虑发货时间和作业所需时间的基础上,在系统中按照某个作业单位汇总数据。制订在卡车出发和取货之前完成作业的计划,批量处理发货指令的数据。

此外,根据分拣作业的工作效率、当日的发货量、发货目的地的数量以及商品种类数等,设定作业开始时间以及人员数量等的作业计划系统,也称工作管理系统。

▶▶ 批量化的单位

❶按照发货日和发货时间批量处理

在考虑发货指令数据中的发货日、交货日等信息,以及作业效率的基础上，估算出预计的作业时间，进行作业批量处理，安排优先顺序。

关于下周、下个月发货的预购商品，按照实际进行作业的"发货日"进行批量处理。

❷按照配送路线批量处理

以一辆卡车的装载为单位，按配送路线批量处理发货指令的数据。第一个方法是使用配送计划系统 TMS 分配配送路线，而后作为发货指令交给仓库管理系统 WMS 处理。另一个方法是在 WMS 内部组入"配送路线模块"，根据每个路线的目的地设定批量配送作业。

使用 TMS 设定配送路线的方式主要应用于，每日配送目的地发生变化，每次都需要优化设置路线的配送，例如向连锁便利店等配送商品。

❸按区域批量处理分拣作业指令

为了缩短步行距离，提高作业效率，在不同的区域进行分拣。在这种状况下，可以将各个作业区域的数据分开进行批量处理。

❹分拣作业单位的设定

根据员工每一次的作业量、操作的商品种类数、打包的包装大小、数量等分开设定发货指令。也有的在按区域分开设定后，再按照人员进行复合批量处理。

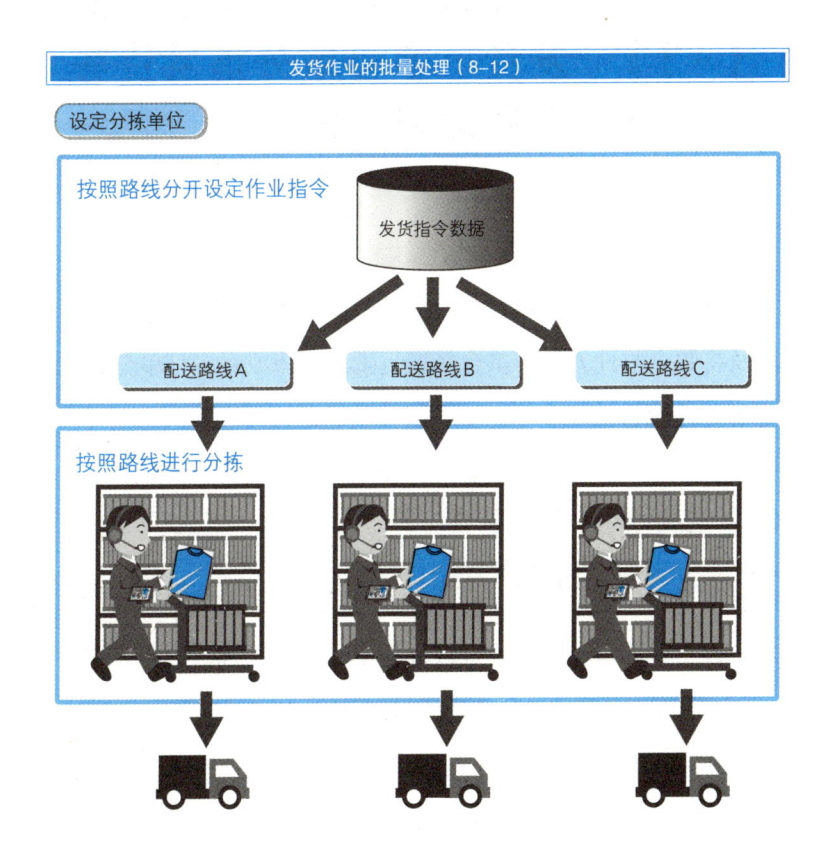

发货作业的批量处理（8-12）

设定分拣单位

按照路线分开设定作业指令

发货指令数据

配送路线A　　配送路线B　　配送路线C

按照路线进行分拣

8-11 按单分拣发货、批量分拣发货、多订单分拣发货等三种发货方式

发货方式有一次只处理一个收件人订单的按单分拣方法，以及将数个收件人的订单合并进行批量分拣或者多订单分拣发货等三种方式。

▶▶ 按单分拣（摘果式）

按单分拣方式是指以收件人为单位分拣商品的基本发货方式。以订单为单位的作业也被称作单一订单分拣。因为该作业方式和摘果子有点类似，所以也被称为摘果式。

按照商品位置的顺序向无线终端设备或者以分拣清单的形式发出分拣指令，员工根据指令步行至存放位置，拿取商品。拿取商品时，在无线终端设备上同时进行扫描验货，防止分拣时发生错误，也减少了后续工序的检验作业。

如果在后续工序检验商品，就有可能发生商品的更换、将更换商品放回货架、返回商品前其他员工发现缺货等一系列问题。因此，在分拣的同时进行验货，对发货作业整体而言都是

有利的。

▶▶ 批量分拣（播种式）

批量分拣方式是将多个收货人的商品合并分拣，而后按照收件人进行分类作业的发货方式。这个分类作业从形态来看类似于播种，因此也被称为播种式。

例如，对于 B2C 物流中心（BC）商品种类多、收件人多的订单特点，或者对于多个收件人订单中大量出现的 A 类商品等，这是一个比较有效的发货方式。

另外，TC 以商品为单位进行到货和分类处理，所以一般采取播种式的分类方法。

▶▶ 多订单分拣

多订单分拣是指在合并分拣多个订单、多个收货人的商品的同时，进行分类作业的发货方式。

例如，以收件人为单位安排分拣篮，而后放在分拣推车上，在按照库存位置顺序分拣商品后，放入相应的收件人的分拣篮中。1 次步行可以完成多个收件人的商品分拣，所以具有提高工作效率的优点，但是也有如果搞错了分拣篮，就会造成误发货的缺点。因此，需要采取诸如"在分拣篮上粘贴识别收件人的条形码，投入时进行扫描检查""在分拣篮上设置数字显示器防止误投""发货时进行再次检验"等对策。

批量分拣和播种（8-13）

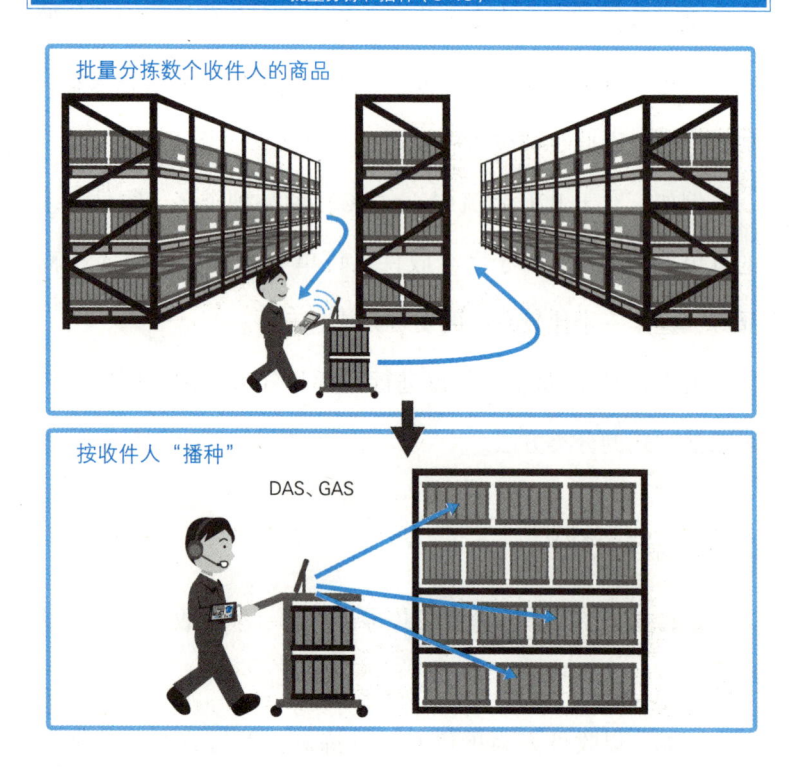

批量分拣数个收件人的商品

按收件人"播种"

DAS、GAS

8-12 搬运装卸设备的广泛使用

伴随着物流信息系统的普及,能够提高业务效率的自动化设备——搬运装卸设备也被广泛使用。

▶▶ 搬运装卸设备

搬运装卸设备(Mate Han)是搬运管理(Material Handling)设备的略语,是物流中心内用于"保管""搬运""运送""分类"等设备和机器的总称。以下是一些代表性的设备。

▶▶ 保管、搬运、运送设备

保管商品的设备有自动仓库和移动机架等。搬运设备有叉车、AGV,运送设备有传输带和垂直传送机等。

▶▶ 物流设备

用于商品的保管、搬运的铲板、折叠箱以及手推车等叫作物流设备。

铲板除了用于箱装商品的搬运，也用于物流中心内的保管。在日本国内，JIS（日本兴业规格）规定，运送用的平板型铲板的规格为 T11（1100 mm×1100 mm×144 mm）。依照这个规定，铲板用的机架（重机架）的规格、装载铲板的卡车的规格也是统一的。

手推车与铲板一样，用于搬运、保管。主要装载手推车的卡车的车型有的是按照手推车的尺寸设计的。这样可以原车装入卡车，并直接向收件人交货，省却了重新包装和验货的麻烦。

此外，有的手推车上安装了 RFID，可自动生成入库出库数据，进行个别管理。

▶▶ 分类设备

发货分类时使用的设备有 Piece Sorter（单件分类）、Case Sorter（箱装分类）、DAS（电子标签式分类系统）以及 DAS 的升级版本 GAS（智能翻盖式分类系统）等。

▶▶ 具有自动识别功能的检验设备

为了提高工作效率和质量，采用能通过"条形码""二维码""RFID"等进行自动识别的检验设备。通过扫描商品编码、日期、批次等信息，能自动识别商品，准确率达到近100%。

▶▶ B2C 时代的自动识别

以 EC 物流为主，没有条形码的商品增加，作为对策，核对商品时使用手机进行图像检验、声音识别的系统也得到了普及。

搬运装卸设备的广泛使用（8-14）

搬运装卸设备

- 铲板
- 手推车
- 集装箱
- DPS
- DAS
- GAS
- 分拣车
- 叉车
- 自动仓库
- 声音系统
- 图像系统
- 手持式终端设备

8-13 选择最能提高发货作业效率的搬运装卸设备

在探讨提高发货作业的效率时，有没有判断的标准呢？是使用数字显示器好，还是手持终端好，或者声音识别系统好呢？

▶▶ 分拣系统（摘果式）

分拣作业的方式有电子标签式分拣（DPS）和利用手持终端等无线终端设备进行的手持式分拣两种。两种方式各有其优缺点，应根据发货特点区分使用。

❶电子标签式分拣（DPS）

员工通过视觉能够立即辨认安装在货架上的显示器在闪烁，进行分拣作业，因此作业效率比较高，但是另一方面，由于没有检验功能，所以不能应对误发货。作为对策，可以在分拣时增加用无线终端设备检验的工序，或者最终发货时增添检验工序，防止误发货。

此外，设置数字显示器的前提是使用固定位置存放商品，如果商品种类多、或者商品的更替非常快，那么这种方式并不适用。因此，现在开发了无须固定的、无线型数字显示器，很受关注。

❷手持式分拣

由于需要在无线终端设备的画面进行确认操作，所以这种方式比 DPS 的效率慢，但是能够一边检验一边分拣，省却了后续的检验工序环节，所以整体来看，有时比 DPS 的效率要高。

而且，商品无须固定位置存放，所以当商品种类繁多时，特别适合使用手持分拣的方式。

▶▶ 分类系统（播种式）

分类是将商品放入货架或手推车内，也即播种式的分类作业。

❶电子标签式分类（DAS）

电子显示器闪烁时，一眼就能识别等待分类处理的货架，迅速开始分类作业。广泛用于到货后需要立即进行分类作业的每日向超市配送的商品以及需要冷藏的商品。固定型显示器固定在分类货架，所以收货人变动频繁的物流中心适合使用无线显示器。

❷ **手持终端式分类**

需要与显示的画面进行核对和确认，所以这种方式的效率不可能和电子标签式一样，但是能够同时完成扫描检验，这是一个优点。

▶▶ 选择最合适的设备

如上所述，各种方式各有优缺点。一般而言，分拣使用手持式分拣方式，分类采用电子标签式分类方式（DAS）。为了解决DAS容易发生误发货的缺点，最近使用GAS（智能翻盖式分类系统）的案例也在增加。

此外，由于声音识别能力提高，智能手机等广泛应用带来的成本降低等，声音识别系统得到了普及。通过声音指示位置、核对商品，提高了分拣作业的效率。这也适用于管理生鲜食品、原材料、网销专用商品等没有条形码的商品。

第8章 | 使用信息系统管理物流中心

选择最适合高效发货作业的搬运装卸设备（8-15）

选择最适合的设备

● GAS

将商品放入打开的格子内

● 利用声音识别系统进行分拣

通过声音核对商品

293

关于"服务的细节丛书"介绍：

东方出版社从 2012 年开始关注餐饮、零售、酒店业等服务行业的升级转型，为此从日本陆续引进了一套"服务的细节"丛书，是东方出版社"双百工程"出版战略之一，专门为中国服务业产业升级、转型提供思想武器。

所谓"双百工程"，是指东方出版社计划用 5 年时间，陆续从日本引进并出版在制造行业独领风骚、服务业有口皆碑的系列书籍各 100 种，以服务中国的经济转型升级。我们命名为"精益制造"和"服务的细节"两大系列。

我们的出版愿景："通过东方出版社'双百工程'的陆续出版，哪怕我们学到日本经验的一半，中国产业实力都会大大增强！"

到目前为止"服务的细节"系列已经出版 123 本，涵盖零售业、餐饮业、酒店业、医疗服务业、服装业等。

更多酒店业书籍请扫二维码

了解餐饮业书籍请扫二维码

了解零售业书籍请扫二维码

"服务的细节" 系列

书　名	ISBN	定　价
服务的细节：卖得好的陈列	978-7-5060-4248-2	26元
服务的细节：为何顾客会在店里生气	978-7-5060-4249-9	26元
服务的细节：完全餐饮店	978-7-5060-4270-3	32元
服务的细节：完全商品陈列115例	978-7-5060-4302-1	30元
服务的细节：让顾客爱上店铺1——东急手创馆	978-7-5060-4408-0	29元
服务的细节：如何让顾客的不满产生利润	978-7-5060-4620-6	29元
服务的细节：新川服务圣经	978-7-5060-4613-8	23元
服务的细节：让顾客爱上店铺2——三宅一生	978-7-5060-4888-0	28元
服务的细节009：摸过顾客的脚，才能卖对鞋	978-7-5060-6494-1	22元
服务的细节010：繁荣店的问卷调查术	978-7-5060-6580-1	26元
服务的细节011：菜鸟餐饮店30天繁荣记	978-7-5060-6593-1	28元
服务的细节012：最勾引顾客的招牌	978-7-5060-6592-4	36元
服务的细节013：会切西红柿，就能做餐饮	978-7-5060-6812-3	28元
服务的细节014：制造型零售业——7-ELEVEn的服务升级	978-7-5060-6995-3	38元
服务的细节015：店铺防盗	978-7-5060-7148-2	28元
服务的细节016：中小企业自媒体集客术	978-7-5060-7207-6	36元
服务的细节017：敢挑选顾客的店铺才能赚钱	978-7-5060-7213-7	32元
服务的细节018：餐饮店投诉应对术	978-7-5060-7530-5	28元
服务的细节019：大数据时代的社区小店	978-7-5060-7734-7	28元
服务的细节020：线下体验店	978-7-5060-7751-4	32元
服务的细节021：医患纠纷解决术	978-7-5060-7757-6	38元
服务的细节022：迪士尼店长心法	978-7-5060-7818-4	28元
服务的细节023：女装经营圣经	978-7-5060-7996-9	36元
服务的细节024：医师接诊艺术	978-7-5060-8156-6	36元
服务的细节025：超人气餐饮店促销大全	978-7-5060-8221-1	46.8元

书　名	ISBN	定　价
服务的细节026：服务的初心	978-7-5060-8219-8	39.8元
服务的细节027：最强导购成交术	978-7-5060-8220-4	36元
服务的细节028：帝国酒店　恰到好处的服务	978-7-5060-8228-0	33元
服务的细节029：餐饮店长如何带队伍	978-7-5060-8239-6	36元
服务的细节030：漫画餐饮店经营	978-7-5060-8401-7	36元
服务的细节031：店铺服务体验师报告	978-7-5060-8393-5	38元
服务的细节032：餐饮店超低风险运营策略	978-7-5060-8372-0	42元
服务的细节033：零售现场力	978-7-5060-8502-1	38元
服务的细节034：别人家的店为什么卖得好	978-7-5060-8669-1	38元
服务的细节035：顶级销售员做单训练	978-7-5060-8889-3	38元
服务的细节036：店长手绘　POP引流术	978-7-5060-8888-6	39.8元
服务的细节037：不懂大数据，怎么做餐饮？	978-7-5060-9026-1	38元
服务的细节038：零售店长就该这么干	978-7-5060-9049-0	38元
服务的细节039：生鲜超市工作手册蔬果篇	978-7-5060-9050-6	38元
服务的细节040：生鲜超市工作手册肉禽篇	978-7-5060-9051-3	38元
服务的细节041：生鲜超市工作手册水产篇	978-7-5060-9054-4	38元
服务的细节042：生鲜超市工作手册日配篇	978-7-5060-9052-0	38元
服务的细节043：生鲜超市工作手册之副食调料篇	978-7-5060-9056-8	48元
服务的细节044：生鲜超市工作手册之POP篇	978-7-5060-9055-1	38元
服务的细节045：日本新干线7分钟清扫奇迹	978-7-5060-9149-7	39.8元
服务的细节046：像顾客一样思考	978-7-5060-9223-4	38元
服务的细节047：好服务是设计出来的	978-7-5060-9222-7	38元
服务的细节048：让头回客成为回头客	978-7-5060-9221-0	38元
服务的细节049：餐饮连锁这样做	978-7-5060-9224-1	39元
服务的细节050：养老院长的12堂管理辅导课	978-7-5060-9241-8	39.8元
服务的细节051：大数据时代的医疗革命	978-7-5060-9242-5	38元
服务的细节052：如何战胜竞争店	978-7-5060-9243-2	38元
服务的细节053：这样打造一流卖场	978-7-5060-9336-1	38元
服务的细节054：店长促销烦恼急救箱	978-7-5060-9335-4	38元

书　名	ISBN	定　价
服务的细节 055：餐饮店爆品打造与集客法则	978-7-5060-9512-9	58 元
服务的细节 056：赚钱美发店的经营学问	978-7-5060-9506-8	52 元
服务的细节 057：新零售全渠道战略	978-7-5060-9527-3	48 元
服务的细节 058：良医有道：成为好医生的 100 个指路牌	978-7-5060-9565-5	58 元
服务的细节 059：口腔诊所经营 88 法则	978-7-5060-9837-3	45 元
服务的细节 060：来自 2 万名店长的餐饮投诉应对术	978-7-5060-9455-9	48 元
服务的细节 061：超市经营数据分析、管理指南	978-7-5060-9990-5	60 元
服务的细节 062：超市管理者现场工作指南	978-7-5207-0002-3	60 元
服务的细节 063：超市投诉现场应对指南	978-7-5060-9991-2	60 元
服务的细节 064：超市现场陈列与展示指南	978-7-5207-0474-8	60 元
服务的细节 065：向日本超市店长学习合法经营之道	978-7-5207-0596-7	78 元
服务的细节 066：让食品网店销售额增加 10 倍的技巧	978-7-5207-0283-6	68 元
服务的细节 067：让顾客不请自来！卖场打造 84 法则	978-7-5207-0279-9	68 元
服务的细节 068：有趣就畅销！商品陈列 99 法则	978-7-5207-0293-5	68 元
服务的细节 069：成为区域旺店第一步——竞争店调查	978-7-5207-0278-2	68 元
服务的细节 070：餐饮店如何打造获利菜单	978-7-5207-0284-3	68 元
服务的细节 071：日本家具家居零售巨头 NITORI 的成功五原则	978-7-5207-0294-2	58 元
服务的细节 072：咖啡店卖的并不是咖啡	978-7-5207-0475-5	68 元
服务的细节 073：革新餐饮业态：胡椒厨房创始人的突破之道	978-7-5060-8898-5	58 元
服务的细节 074：餐饮店简单改换门面，就能增加新顾客	978-7-5207-0492-2	68 元
服务的细节 075：让 POP 会讲故事，商品就能卖得好	978-7-5060-8980-7	68 元

书　名	ISBN	定价
服务的细节076：经营自有品牌	978-7-5207-0591-2	78元
服务的细节077：卖场数据化经营	978-7-5207-0593-6	58元
服务的细节078：超市店长工作术	978-7-5207-0592-9	58元
服务的细节079：习惯购买的力量	978-7-5207-0684-1	68元
服务的细节080：7-ELEVEn的订货力	978-7-5207-0683-4	58元
服务的细节081：与零售巨头亚马逊共生	978-7-5207-0682-7	58元
服务的细节082：下一代零售连锁的7个经营思路	978-7-5207-0681-0	68元
服务的细节083：唤起感动	978-7-5207-0680-3	58元
服务的细节084：7-ELEVEn物流秘籍	978-7-5207-0894-4	68元
服务的细节085：价格坚挺，精品超市的经营秘诀	978-7-5207-0895-1	58元
服务的细节086：超市转型：做顾客的饮食生活规划师	978-7-5207-0896-8	68元
服务的细节087：连锁店商品开发	978-7-5207-1062-6	68元
服务的细节088：顾客爱吃才畅销	978-7-5207-1057-2	58元
服务的细节089：便利店差异化经营——罗森	978-7-5207-1163-0	68元
服务的细节090：餐饮营销1：创造回头客的35个开关	978-7-5207-1259-0	68元
服务的细节091：餐饮营销2：让顾客口口相传的35个开关	978-7-5207-1260-6	68元
服务的细节092：餐饮营销3：让顾客感动的小餐饮店"纪念日营销"	978-7-5207-1261-3	68元
服务的细节093：餐饮营销4：打造顾客支持型餐饮店7步骤	978-7-5207-1262-0	68元
服务的细节094：餐饮营销5：让餐饮店坐满女顾客的色彩营销	978-7-5207-1263-7	68元
服务的细节095：餐饮创业实战1：来，开家小小餐饮店	978-7-5207-0127-3	68元
服务的细节096：餐饮创业实战2：小投资、低风险开店开业教科书	978-7-5207-0164-8	88元

书　　名	ISBN	定　价
服务的细节097：餐饮创业实战3：人气旺店是这样做成的！	978-7-5207-0126-6	68元
服务的细节098：餐饮创业实战4：三个菜品就能打造一家旺店	978-7-5207-0165-5	68元
服务的细节099：餐饮创业实战5：做好"外卖"更赚钱	978-7-5207-0166-2	68元
服务的细节100：餐饮创业实战6：喜气的店客常来，快乐的人福必至	978-7-5207-0167-9	68元
服务的细节101：丽思卡尔顿酒店的不传之秘：超越服务的瞬间	978-7-5207-1543-0	58元
服务的细节102：丽思卡尔顿酒店的不传之秘：纽带诞生的瞬间	978-7-5207-1545-4	58元
服务的细节103：丽思卡尔顿酒店的不传之秘：抓住人心的服务实践手册	978-7-5207-1546-1	58元
服务的细节104：廉价王：我的"唐吉诃德"人生	978-7-5207-1704-5	68元
服务的细节105：7-ELEVEn一号店:生意兴隆的秘密	978-7-5207-1705-2	58元
服务的细节106：餐饮连锁如何快速扩张	978-7-5207-1870-7	58元
服务的细节107：不倒闭的餐饮店	978-7-5207-1868-4	58元
服务的细节108：不可战胜的夫妻店	978-7-5207-1869-1	68元
服务的细节109：餐饮旺店就是这样"设计"出来的	978-7-5207-2126-4	68元
服务的细节110：优秀餐饮店长的11堂必修课	978-7-5207-2369-5	58元
服务的细节111：超市新常识1：有效的营销创新	978-7-5207-1841-7	58元
服务的细节112：超市的蓝海战略：创造良性赢利模式	978-7-5207-1842-4	58元
服务的细节113：超市未来生存之道：为顾客提供新价值	978-7-5207-1843-1	58元
服务的细节114：超市新常识2：激发顾客共鸣	978-7-5207-1844-8	58元
服务的细节115：如何规划超市未来	978-7-5207-1840-0	68元

书　名	ISBN	定　价
服务的细节116：会聊天就是生产力：丽思卡尔顿的"说话课"	978-7-5207-2690-0	58元
服务的细节117：有信赖才有价值：丽思卡尔顿的"信赖课"	978-7-5207-2691-7	58元
服务的细节118：一切只与烤肉有关	978-7-5207-2838-6	48元
服务的细节119：店铺因顾客而存在	978-7-5207-2839-3	58元
服务的细节120：餐饮开店做好4件事就够	978-7-5207-2840-9	58元
服务的细节121：永旺的人事原则	978-7-5207-3013-6	59.80元
服务的细节122：自动创造价值的流程	978-7-5207-3022-8	59.80元